JN011698

夫を変える！ 魔法の言い方

佐藤律子　異性間コミュニケーション協会代表理事
Ritsuko Sato

自由国民社

はじめに

　夫婦円満のコツを知っていますか？　それは
「3つのカン」です。

・関心（カンシン）を持つ
・干渉（カンショウ）しない
・感謝（カンシャ）する

　結婚して夫婦になるということは「相手と深く
関わること」です。自分のエゴを押しつけたり、
相手に無関心になると関係が崩れていきます。夫
婦共に「関心を持って干渉せず感謝する」姿勢を
持つことが夫婦円満のカギになります。

　しかし、男性と女性は違います。見た目の違い
に加え、性格、趣味、考え方、行動、価値観など、
頭の中も心の中も違います。同じ言葉を聞いても、
受け取り方や感じ方は異なるし、同じ一言でも伝
えたいメッセージが違うのです。ですから、異性
のことが理解できないのは当然。この違いがある
からこそ仲良くなれるし、衝突もします。

　私は1000組以上を結婚に導いた経験から、男

女間の教育コンテンツを考案して異性間コミュニ
ケーション協会を設立しました。異性間コミュニ
ケーション研修の受講者は延べ3万人を超え、東
北大学、宮城教育大学、明治大学などの教育機関
や企業研修アンケートの満足度「とても良い・良
い」90％以上を継続しています。異性間コミュ
ニケーションを活かした婚活イベントでは、カッ
プル成立率60%以上の結果を出しています。

　異性間コミュニケーションは、男性と女性の特
性を認め合って活かしていくことで、日常に起こ
る男女のコミュニケーションの悩みを誰でも克服
できるメソッドです。

　男女間は、職場の同僚よりも恋人同士の方が衝
突しやすく、恋人同士よりも夫婦同士の方がケン
カをしやすいもの。自分と密な関係になればなる
ほど、仲良くしたい欲求も強くなり、「わかって
もらえない」という不満が強くなるからです。相
手への期待があるからですね。

　ここで、私の生い立ちと経験談をお伝えさせて
いただきます。

1972年に宮城県塩竈市で生まれ、今もここで暮らしています（東日本大震災の被災地です）。祖父、祖母、父、母、弟、私、6人の大家族で育ちました。家族の伝説の人物は祖父です。祖父は腕利きの仲人業（今でいう結婚相談所）をしながら民謡歌手をしていた芸能人で、1970年代にアメリカとハワイで民謡イベントを仕掛けて成功させたそうです。私はそんな祖父にソックリと言われており、その破天荒な才能を親族に警戒されています、笑。

　そんな破天荒キャラの祖父との攻防戦で、結婚当初はおしとやかだったけれど、すっかり気が強くなってしまった母と、口数が極端に少ないけど、子どもに激甘な父に育てられて、長女気質で「いい子」満載のしっかり者の女の子になりました。

　私は、見た目は女性だけど頭の中はガチガチの男性脳。リーダーシップが得意で社交的だけれど、実は、孤独が大好きな人見知りです。だから、人付き合いはできるけど「すごく疲れるなぁ」と思っていました。

　そんな性格の問題点を抱えながら、20代で普

通の事務系ＯＬを経験し、友達のド派手な結婚式に出席したのをキッカケに結婚式の仕事と出会って、ウエディングプランナーに転職。26歳ながらも驚異的な売上げを達成し、「私って、すごいキャリアウーマンじゃない？」とイケイケ時代を過ごし、30歳のときに結婚した夫と共にブライダル事業で起業しました。

　しかし、結婚、妊娠、出産、起業がすべて重なり、その無謀な環境と経営経験不足で事業に大失敗！　大きな借金を抱えてしまいました……。当時の社長だった夫は、事業の失敗のショックでうつ病気味になり働けず、私は生まれたばかりの子どもを抱えながらも手探りで仕事を探して、専門学校のブライダル講師やイベントプロデュースをしたりして、少しずつ収入を得るようになりました。

　こうして努力した結果、事業の方はなんとか上向きになってきたのですが、最悪だったのは、夫とのコミュニケーションでした。

　「男は女を守るべきでしょう!?　それなのに、あなたは!!」と、起業の失敗で不幸のどん底に突

き落とした（と思い込んでいた）夫への恨みは増すばかり。私は、当時の夫の言葉や行動が全く理解できず、一緒にいる毎日が苦しかったのです。

　この苦しい環境から抜け出したい一心で、脳科学・心理学・生物学・環境学・家庭学・歴史・成功哲学からあらゆるコミュニケーション方法を学んで、異性間コミュニケーションの素地ができました。だって、パートナーシップは、私に一番必要なコミュニケーションのスキルだったから。

　人間関係の悩みの原因のほとんどが「価値観が違う」「私をわかってくれない」です。自分と相手の価値観が合わなくて、それをお互いに受け入れられないとき、怒りやイライラなどのネガティブな感情が発生します。

　異性間コミュニケーションで説明すると、男性はプライドや体裁をとても気にする生き物。「男は強くなければならない」「男は負けてはならない」「男は女を守らなければならない」というような価値観のもとで育ってきたからです。だから、負けや弱さ、傷つきやすさを認めたくないし、プライドが高いのです。

　そして男性は、批判的、否定的な言葉を恐れ、悲しみや寂しさ、苦しみなどの感情は、なるべく自分の中に抑え込みます。

　まさにこれです！　事業に失敗した夫は、プライドがズタズタで、悲しみや寂しさ、苦しみなどのマイナスの感情が体中を覆っていたはずです。そして、その傷が深すぎて社会に戻ることができなくなってしまった。

　その傷を癒やすには「自信」を取り戻すしかなく、その癒やしの特効薬が、一番身近にいる「妻からの励まし」なのです。

　それなのに私は、真逆のことをしていました。「お金稼いできてよ」「あなたのせいよ！」「私の人生返して！」と、マシンガンのようにマイナスな言葉を浴びせかけていたのです。これでは、立ち上がろうとしても立ち上がれません。

　今の私だったら、全く別なことを言います。「大丈夫、何とかなるよ」「あなたならできる！」「私が選んだ人生だから」と、励ましと癒やしの言葉を伝え、夫の背中をさすります。

これが、異性間コミュニケーションです。

では、女性の場合は？　というと、「女は優しくなければならない」「女はみんなと仲良くしなければならない」「女は男に守られるものだ」など、可愛げと協調性が大切という価値観で育ちます。だから私も、夫に活躍してほしい！　守ってもらいたい！　という思い込みの願望が強かったんですね。

ちなみに今の夫ですが、見事に復活して、100人の認定講師が在籍する異性間コミュニケーション協会と弊社（アートセレモニー）の事業統括と私のマネジメントをしています。あんなに飲んでいたお酒も、あんなに吸っていたタバコも、10年ぐらい前にピタッとやめて、仕事でバリバリ大活躍をしています。

私は、夫との関係の構築に悩んだことと、ブライダル事業と男女双方での婚活の仕事をしていたことから、脳科学・心理学・生物学・環境学・家庭学・歴史から体系化した「異性間コミュニケーション」を生み出すことができました。

　本書では、妻から夫に言いがちなNGな言葉を
OKな言葉に言い換える方法をご紹介していま
す。書いてあるとおりに言うだけで夫婦コミュニ
ケーションが劇的に良くなります。誰でも簡単に
できるので、毎日の夫婦の会話に取り入れてくだ
さいね。

　もしあなたが、夫婦コミュニケーションの悩み
から抜け出したい、幸せになりたいと思っている
のなら、これは「あなた」のための本です。読む
だけでなく、ぜひ実践してください。あっという
間に解決のゴールに向かっていきますよ。

目次

第2章
夫の癖を改めてもらいたいときの 言い方…73

第3章
子どものことで、
夫に力になってもらう言い方…99

第4章

派手なケンカを避けながらも、
夫に反省をうながす言い方…115

第5章
お互い様な部分をフォローし、思いやるための言い方…137

第1章

日々の生活における
「ちょっとしたこと」の
うまい伝え方

① 作った食事にリアクションがほしい

パートナーとの食事は、一番大事なコミュニケーションです。しかし食事の好みが異なっていて、相手に合わせることが負担になってしまうこともあるかもしれません。

食の好みは、実はとても幅広いものです。ちゃんと話し合う機会を持つことをおすすめします。

食の好き嫌いは？（偏食）
味の好みは濃いめ？　薄め？
味付けは辛め？　甘め？
お酒を飲む？　飲まない？
好きな食事のジャンルは？
食事の雰囲気は？
食事のマナーは？

これらをすり合わせて楽しく食事ができれば、きっと美味しさが何倍にもなります。

それから、医学的にも食事をしながら会話をすると、脳内が幸せホルモンで満たされて心が開きやすくなると言われています。夫婦で美味しい食事をしながら、たくさん会話してくださいね。

■夕飯のメニューを相談したら、「何でもいい」と言われたとき
NO 「それが一番困るのよね」

YES 「じゃあ、私の好きな○○と、あなたの好きな△△作ろうっと」

ポイント 男性に意見を聞くときは、目的意識をハッキリさせるといいですね。「今日は暑いからサッパリしたのがいいかと思うんだけど、夕食は何がいい？」など。

■作った食事にノーリアクションだったとき
NO 「ねぇ、何かないの？美味しいとか……」

YES 「美味しくなかった？口に合わない？」

ポイント 男性は当たり前になっていることをあえて表現することをしません。それが女性は無視されているように感じます。モヤモヤするぐらいなら、聞いてしまいましょう。

■作った食事を褒めてもらいたいとき
NO 「これ、すごく手間かかったんだよ」

YES 「新しいレシピに挑戦したんだけど、どうかな？」

ポイント 男性から言葉を求めるときは待ちの姿勢ではなく、「どうかな？」など自らアクションを起こすと大概はちゃんと答えます。

② 食事を作りたくないときもある

家事で最もストレスを感じるのが食事の支度かもしれません。料理を作りたくない理由は、

- 献立が思い浮かばない
- 栄養バランスを考えるのが難しい
- 買い出しが面倒
- 味付けがわからなくなる
- 同じメニューばかりになってしまう
- 作っても家族に残されてしまう

しかもパートナーが食べることに関心が薄く、せっかく作っても無反応だと、やり甲斐が見いだせないですよね。

今どき、食事の支度は女性の仕事と決まっているわけではありません。欧米諸国では、ほとんどの夫婦の家事は分担で、夫が普通に料理をしています。パートでも正社員でも夫婦の共働きが普通になった今は、妻と夫で分担するのは当然でしょう。

状況や時間によって、「作るのは夫で後片付けは妻」など食事の準備を分担してみましょう。役割をがんじがらめにしない方が、家事分担は長く続きます。

■仕事が忙しくて夕飯を作りたくないとき

NO「今日一日、会議続きでへとへと！出前でいい？」

 「仕事お疲れ様！私も会議続きで疲れちゃった。晩ご飯は出前にしない？」

ポイント お互いに似た環境ということを伝えて、作戦会議風に選択に巻き込んでいくと、出前が最善策のように思えます。

■夕飯の手抜きを夫に指摘されたとき

NO「だって、疲れてるんだもん。私だって忙しいのよ」

 「うん、最近、忙しくて少しお疲れ気味なの……」

ポイント 指摘されたことにカッとして反論せず、「忙しくて疲れている」と状況を説明するといいでしょう。

■せめて白米だけでも炊いておいてもらいたいとき

NO「ごはん炊くぐらいやってよ」

 「ごはん炊いてくれると、すごく助かるなぁ」

ポイント 男性は女性を「助けたい」と思っているので、「助かる」という言葉は男性に刺さります。些細なことでも「助けて」と言ってみましょう。

3 食事でありがちなすれ違い

夫婦なのに食事をとる時間がバラバラ、まるで他人のように すれ違ってしまう。一緒に住んでいても生活パターンが かみ合わないと、相手にイライラが募りやすくなります。

朝起きる時間・食事の時間・お風呂の時間・夜寝る時間な ど、ひとつひとつのタイミングは些細なものでも、これら すべてが夫婦でバラバラになってしまうと、もはや一緒に 暮らしているという実感も湧きにくくなるでしょう。

食事などの生活の時間がズレることで、顔を合わせてゆっ くり会話する時間もなかなか取れなくなり、その状態が慢 性化すると、やがて致命的な夫婦のコミュニケーション不 足になってしまいます。そうならないように、二人で力を 合わせて乗り越えましょう。

まずは、一緒にスケジュールを立てることから始めます。 食事でのコミュニケーション時間を確保するために、相手 に合わせて時間を作る努力をしてみてください。せっかく 夫婦になった縁ですから、逃げずにとことん話して絆を深 めましょう。

■夫が連絡もなく勝手に夕飯を食べてきてしまったとき

NO「えー！せっかく作ったのに……、連絡してよね！」

YES 「そっか、食べてきたんだ。あなたの好きな○○作ったよ」

ポイント 連絡がないことを責めたい気持ちはわかりますが、それよりも「あなたの好きな料理を作った」という事実の方が反省を促せます。

・・・

■せっかく食事を用意したのになかなか食べ始めずにイラっとしたとき

NO「いつまでスマホいじってるの？早く食べてよ、片付かないでしょう」

YES 「美味しいうちに食べてほしいな。ほら、コレすごく美味しいよ」

ポイント 「食べてよ」ではなく「食べてほしいな」と言いましょう。男性を動かすには「命令」を「お願い」に変換するのがコツです。

夫が料理を作ってくれたら

夫に料理を作ってもらうと、わかることがたくさんあります。

・料理を作るのにどれくらい手間と時間がかかるか理解してもらえる
・夫の好みの味付けや食材を知れる
・料理を作ってくれている間にいろいろできる

たまに作ってもらうことで、料理には時間と手間がかかることを実感してもらえます。なので、妻が料理を作るときに洗い物を手伝ってくれるようになったりします。

意外と見落としていることに気がつくのが「味付け」です。例えば夫の味付けは薄味で、妻の味付けは濃かったとか。相手が我慢していたことに甘えて、好き勝手に作っていたことを知ることができます。

そして「いただきます」と「ごちそうさま」だけの言葉では足りなかった、と気がついてもらえます。「美味しい」という一言がどれだけ嬉しいか。料理を美味しくする一番の隠し味は、作ってくれた人への感謝を込めた一言なのかもしれません。

■夫が料理を作ってくれて、美味しいとき

NO 「美味しい！やればできるじゃない」

YES

「作ってくれてありがとう！美味しい！すごいね！」

ポイント 絶賛しましょう。美味しい料理を作ったという達成感に浸らせることで、きっとこれからも積極的に作ってくれます。

● ●

■夫が料理を作ってくれて、あまり美味しくないとき

NO 「うーん、味付けがちょっと……」

YES **「作ってくれてありがとう！こうするともっと美味しくなるかも」**

ポイント 作ってくれたことへの感謝の言葉を必ず伝えましょう。そして、ダメ出しではなく提案する言い方をしましょう。

洗い物までしてくれたら最高

夫婦の分担で多いのが、妻が料理担当、夫が食器洗い担当です。

すれ違いの例として、夫が食後すぐに洗ってくれず、残っているとつい自分で洗ってしまう。または、夫が食器洗いをすると洗剤の減りが異常に早いけど、洗剤が補充されていなくて気になる。

後者は、食器洗いの定義が夫婦で違う可能性があります。妻の食器洗いは、「洗剤の補充」まで含まれているけれども、夫の食器洗いは「食器を洗うだけ」という定義なのかもしれません。

そして、その些細なズレが心の中に積もってしまうと、夫が自分に感謝していない、尊敬していない、愛されていないと感じるようになります。夫をパートナーとして頼れなくなり、一緒にいても安心できなくなるのです。

ズレに気がついたら批判せず、「こうすると、もっと良くなる」と具体的に助言すれば、夫も改善につなげやすくなります。たかが食器洗い、されど食器洗い。お互いの定義をすり合わせて、最善の着地点を見つけてくださいね。

■夫が料理を作ってくれたが、洗い物はそのままのとき

NO「ねぇ、洗い物もちゃんとやってよ」

YES

「一緒に洗い物しようか」

ポイント 料理の達成感に浸っていると洗い物は腰が重くなってしまいます。「一緒に」という言葉でリズムよくやってもらいましょう。

・・

■食器の片付けが中途半端なとき

NO「適当にやらないでよ」

YES

「ありがとう！片付けてくれたのね。コレはね、こっちなんだよね」

ポイント 批判せずに片付けたことは認めてあげましょう。「こうすると、もっと良くなる」と助言をすると素直に聞いてくれます。

・・

■洗い物をしてくれたはいいが水回りが汚かったとき

NO「うわ、水回りビショビショじゃない」

YES

「洗ってくれてありがとう！ここね、こうやって拭くとキレイになるよ」

ポイント 水回りまで気が回らなかったということですから、最後の拭きとりまでが洗い物なのだと教えてあげればOKです。

家事をしてくれたらすかさず褒める

パートナーは自分に協力してくれる味方だと考えてください。人間は感情や欲求に左右されますから、相手が欲しい言葉や行動を与えましょう。

夫が家事をやり続けるための最強の一言は、「あなたと結婚してよかった」です。

これが夫が最も欲しい言葉です。恥ずかしくても（心を込めなくてもいいので）言ってみてください。家事をずっとやってもらいたいなら、言うだけならタダですし、騙されたと思って言ってみましょう。

この言葉を1週間以上、言い続けてみてください。妻が「やってほしい」と思うことをすべてやってくれるようになりますよ。

つまり、男性のヒーロー願望を満たすこと。「ヒーローになって愛する者を守る！」は多くの男性の存在理由であり、それを叶えるのが愛する妻の立場です。

夫という名のヒーローに「あなたと結婚してよかった」と笑顔で伝えましょう。

■夫が簡単な家事をしてくれたとき

NO「それぐらい当たり前でしょう」

YES

「やっぱり、あなたがやると違うわね」

ポイント 当たり前にできることでも感謝したり、褒めたりすることがヤル気につながります。

・・

■夫が家事をしてくれたとき

NO「やればできるじゃない」

YES

「すごい！こんなにキレイになるなんて」

ポイント 男性は、自分がしてあげたことに対してリアクションがあると喜びます。大袈裟ぐらいが丁度いいです。

夫にちょっとした買い物を頼んだとき、お願いしたモノを買ってきてくれますか？　もしかしたら、違うものを買ってきたりしませんか？

「食パンを頼んだのに菓子パンを買ってきた」「豚バラ肉を頼んだのに牛ロースを買ってきた」

こんなレベルは日常茶飯事。そうです、世の夫達には「お使い」が苦手な人が多いのです。

買い忘れもよくあります。忘れないように「パスタ」とメモしてスーパーに向かったのに、それでも買い忘れる。そして、絶対に売っているであろう商品を「なかった」と買ってこない夫も多いと聞きます。例えば、濃い口しょうゆなど、絶対にあるはずの定番商品を「なかった」と言い張る夫……。とにかく女性からすれば考えられないレベルです。

基本的に男性はお使いが苦手なんだと割り切って、忍耐で付き合いましょう。頼むときは言葉だけじゃなくLINEに商品パッケージを添付しましょう。もし品物を間違えても、怒らずに笑顔で受け流すこと。それが円満のコツです。

■ちょっとした買い物をお願いしたいとき
NO「暇だったら買い物してきてほしいんだけど」

YES 「ごめん。余裕あったらでいいんだけど、お願いできる？」

ポイント 「暇だったら」と言うとムッとするでしょうから、「余裕があったら」と言い換えて「お願い」しましょう。

・・

■夫が買い物から帰ってきたとき
NO「ありがとう。そこに置いておいて」

YES 「ありがとう。重かったでしょう？」

ポイント 「ありがとう」は、もはや日常会話。「重かったでしょう？」を加えることで思いやりが伝わります。

・・

■お願いした買い物と違っているとき
NO「え？何これ？頼んだのと違うじゃない」

YES 「ありがとう！コレを買ってきてくれたんだね。○○がよかったんだけどコレを使うね」

ポイント まず、お使いに行ってくれたことをねぎらいます。責めるような否定ではなく、呟くように違っていたことを伝えるのがコツです。

掃除や近所の用事をお願いする

パートナーにお願い事を受け入れてもらうには、肯定的な伝え方をするのがいいでしょう。

女性には「言わなくても察してよ」という思いがありますが、残念ながら男性は女性の1／6しか察する能力がありません。察してもらうより、上手な伝え方を身につける方が、イライラしないで素直に気持ちを表現できて、相手にも気持ちよく受け入れてもらえるようになりますよ。

・明るい笑顔で「～してくれると嬉しいな」など肯定的な言葉で伝える
・結論からわかりやすく説明する
・「断られてもいい」という感覚でお願いする
・お願いを受け入れてもらったら「ありがとう」を伝える

男性には「ヒーロー願望」があり女性の役に立ちたいと思っています。なので、妻が喜んでいる姿を見ると、もっと頑張ろうと思うものです。夫がお願いを受け入れてくれたら、笑顔で感謝の気持ちを伝えましょうね。

■掃除機のかけ方が雑だったとき

NO「雑だなぁ。角が汚れたままじゃない」

 「掃除機かけてくれてありがとう！角はやりにくかったかな？」

ポイント 掃除機をかけてくれた事への感謝と、あなたに落ち度があるわけではないという言い方で指摘しましょう。

・・・

■お風呂掃除をしてほしいとき

NO「お風呂を洗っておいて」

 「お風呂掃除上手だから、お願いしていい？」

ポイント 家事を頼むときは「あなたの方が上手だから」というニュアンスを含めると、男性が動きやすいですよ。

・・・

■PTAや町内会の会合に代わりに出てほしいとき

NO「会合に参加してくれない？」

 「あなたのアイディアはいつも素晴らしいから、私の代わりに参加して」

ポイント 能力を認めてアゲアゲに持ち上げて、その気にさせて送り出しましょう。

日々のごみ捨てをお願いする

「ゴミ捨てくらいやってほしい」という妻の気持ちはよくわかります。今どきは夫婦の家事分担が当たり前。家事分担で夫がゴミ捨て担当という家庭は多いと思います。

ゴミ捨てに非協力的な夫にイライラを溜めているようですが、もしかして「ゴミ捨てくらい簡単なんだからやってよ！」と攻撃的な気持ちで頼んでいませんか？　その言い方だから拒否するのではないでしょうか？

夫がまだゴミ捨て担当になっていないなら「今日はゴミが多くて重いから、お願いできない？」と可愛く頼んでみましょう。ただお願いするのではなく「あなたの力が必要なの」というヒロイン的な気持ちを込めましょう。そして、「今日は急いでいたのにゴミ捨てしてくれてありがとう！　重かったから助かったわ」と、ちゃんと言葉にして感謝を伝えるのが大事！

家事を押し付けるのではなく、お互いができそうな家事を分担して感謝し合うことで、イライラやケンカにならなくてすみますよ。

■仕事に出かける夫に、ゴミ捨てをお願いするとき

NO 「ついでにゴミ捨ててきて！」

YES

「重いから捨ててくれると助かるわ」

 「重いから」という理由をつけることで、助けたいという思いで行動しやすくなります。

• •

■ゴミの分別を何度言っても間違えるとき

NO 「だから、これは燃えないゴミだって言ってるでしょう」

YES 「これはね、わかりにくいけど燃えないゴミなんだよね」

ポイント 自分が間違えたということを認めたくない場合があるので、分別がわかりにくいということにして覚えてもらいましょう。

10 ままならないことがあっても

全く家事をしないパートナーと一緒に生活するのは精神的にも肉体的にも大変です。なんとか、家事をする夫になってほしいなら、おすすめのステップがあります。

①家事をしてほしいと伝える
②すごく簡単な家事からやってもらう
③家事をしてくれたら思いっきり褒めて感謝する
④身についてきたら分担制を提案する

ゴミ捨て、洗濯物の取り込みやお風呂掃除などの簡単な仕事からお願いして「できる」と感じてもらえれば成功です。そして、期待通りの結果でなくても「お風呂ピカピカ！細かいところまで洗ってくれてありがとう！」など褒めて感謝します。そして家事を少しでもやる習慣がついてきたら、家事の分担を切り出して話し合いましょう。

夫に家事をしてもらうためには、夫はもちろん、妻の意識も変えて、夫婦の意識改革が必要です。まずは、家事をしてほしい気持ちを優しくはっきりと夫に伝えてみることからチャレンジしてみましょう。

■家事をしてくれたが、ブツブツと文句を言っているとき
NO「家事するのは当たり前でしょう」

「やっぱり頼りになるわ。助かっちゃった」

ポイント　イヤイヤやってくれたことでも、やってくれたことを評価してねぎらうことが大切です。

・・・

■家事を手伝わずにゴロゴロしているとき
NO「少しは手伝ってよ！気が利かないわね」

「今、洗い物をやってて手が離せないから、洗濯物をたたんでくれたら助かるわ」

ポイント　責めるような言い方ではなく、家事を一緒にやろうと言って巻き込んでいく方法が有効です。

・・・

■家事を人任せにしてさっさと眠ってしまったとき
NO「私ばっかり……」

YES
「あなたの方が上手だから、明日○○してほしいな」

ポイント　自分ばかり家事をしているとイライラしますよね。こういうときこそ、おだてて家事をしてもらいましょう。

11 ○○しっぱなしが気になるとき

男性は女性に比べて周囲への配慮する能力が欠けています。それが「やりっぱなし」として見える化するのですね。

・電気をつけっぱなし
・ドアを開けっぱなし
・牛乳を冷蔵庫から出しっぱなし
・トイレを流さない

しかし、「やりっぱなし」を口頭で注意してもあまり効果はありません。なぜなら「やりっぱなしが当たり前」だと思って納得していないから。納得しないと、やる意義を見つけられないのです。

夫の「やりっぱなし」で目をつぶれる部分は見逃して、他のことに目を向けることで、自分へのストレス負担を減らすのが懸命です。

子どもがいるご家庭であれば、子どもに注意してもらうという方法もあります。夫も「子どもの見本」になろうと奮起するかもしれません。試してみる価値はあります。

■夫がいつも服を脱ぎ散らかしているとき

NO「脱いだら洗濯機に入れてって、いつも言ってるでしょう！」

YES

「洗濯機に入れておいてくれたら、明日着ていくのに間に合うよ」

ポイント「いつも言っている」と否定するのではなく「明日着ていくのに間に合う」という提案をしましょう。

・・・

■使ったものを出しっぱなしにしているとき

NO「ちょっと、これ片付けてよ」

YES

「○○出しっぱなしだよ」

ポイントダメ出しする言い方ではなく、「出しっぱなしだよ」と状態を指摘するだけでOKです。

⑫ 夫婦のトイレ問題

夫に立ってトイレで小をされると、飛び散って悪臭の原因にもなるし、見た目も汚くなってしまうので、妻としては「やめて！」と叫びたくなりますよね。

妻の願いはたった一つ。「夫に座って小をして欲しい！」です。そのためにも、夫にもトイレトレーニングをしましょう。

トイレの中に『トイレは座ってしましょう』と張り紙を貼り、夫がトイレに入る前に「座ってやってね」と一声かけ、そして座ってできたときには、「ありがとう！　これでトイレ掃除が楽になるわ」と大きめのリアクションで褒める。

まさに子どものトイレトーレニングと同じです。毎日毎日「座ってやってね」と妻がお願いしてくれば、よっぽど頑固な男性でない限りは、座ってやろうと努力するでしょう。

座ってトイレをすることで、妻を喜ばせることができた！　という満足感を引き出せれば成功ですね。

■トイレで小をしたあとは、便座を戻してもらいたいとき

NO 「また上げっぱなし！いつもそうなんだから！」

YES

「トイレの便座、上げっぱなしだよ（現状指摘のみ）」

ポイント これは根気よく「上げっぱなしだよ」と声かけしていくことによって、いつか気づいてくれます。

・・・

■トイレで小をして撥ねたら、拭いてもらいたいとき

NO 「もう、汚いなぁ。自分で掃除してよね！」

YES

「この前、滑って転びそうになったの。危ないから拭いておいてね」

ポイント YESの言い方もいいですが、今どきは男性も座って小をする時代ですから、「座ってやってほしい」と提案をしてもいいですね。

・・・

■トイレで大をしたあとは、換気してもらいたいとき

NO 「臭い！もう！換気してって言ってるでしょ」

YES

「男の人のって匂いがキツいから、窓を開けてね」

ポイント プライドを傷つけないように「あなたの」ではなく「男の人の」と表現するのがコツです。

13 夫にオシャレでいてほしい

男性を見たとき、顔はイケメンなのに「なんか残念」と思ったり、イケメンじゃないのに「なんかカッコイイ」と思ったことはありませんか？

その違いは、ファッションや髪型です。顔はイケメンでも、ファッションセンスがダサいと女性からの評価は一気に下がってしまうもの。でも逆にファッションや髪型がオシャレであれば、総合的に見て「素敵」「カッコイイ」と高評価をもらえます。

ファッションセンスがない夫を改善する方法は、まずは今着ている服を処分しながら「コッチの方がカッコイイよ」と買い足していくことです。ダサいと言ってしまうと不機嫌になるかもしれないので「コッチの方が似合う！」と盛り上げていきましょう。

男性はプライドが高くて傷つきやすいもの。そして、否定されればされるほど、意地になってしまう人も多いので、表面上だけでも演技でもいいから、「似合う」「素敵」「カッコイイ」「足長い」など、ファッションをたくさん褒めてあげましょう。

■夫の着ている服がダサ過ぎるとき
NO「その服、ダサ過ぎでしょ」

 YES

「もうちょっと明るい色の方が似合うと思うよ」

ポイント ファッションに興味が無い男性がほとんどなので、「もっとカッコよくしてあげる」と妻がプロデュースするのはオススメです。

- -

■夫の着ている服が似合っているとき
NO「うん、いいんじゃない？」

 YES

「わー！すごくカッコイイ！いいよ！」

ポイント 男性は「カッコイイ」という言葉が大好きです。どんどん声かけして、その気にさせると本当にカッコよくなっていきますよ。

- -

■寒い日に、夫が薄着のとき
NO「もっと厚着したら？」

YES

「寒いの得意だっけ？大丈夫？」

ポイント 少年時代は「子どもは風の子」だったので薄着の男性は多いです。お母さんのような命令調の声かけをしないように気をつけましょう。

14 短所は褒める、長所はもっと褒める

好きで結婚したはずなのに、夫に対して恋心のようなトキメキが冷めて「こんなこと言うなんて信じられない」「行動にデリカシーがない」「こんな考え方するなんて、ありえない」と欠点が見えてくることはありませんか？

人は、相手の長所より短所を見つけるのが得意です。夫の短所10個はすぐに言えるけれど、長所10個はなかなか思いつかないのではないでしょうか？　やたら目につく短所と、探し出さないと見えない長所。積極的に夫の「いいところ」を探してみましょう。

そもそも結婚は、ふたりで幸せになるもの。夫に幸せにしてもらうものだと思いこんでいませんか？　どんなに素敵な夫でも「幸せ」を感じることができるのは自分だけです。自分で自分を幸せにする気持ちがない限り、誰が夫であっても短所ばかり目に付いて不満が多くなってしまいます。

夫婦は持ちつ持たれつバランスを取っていくことで上手くいきます。お互いに短所より長所を見るようにしましょう。

■夫の短所を褒めるとき

NO 「あなたってナイーブだよね」

YES

「あなたの繊細なところがいいと思う」

ポイント 妻は夫の世界で一番の理解者であってほしい、と思っているはず。
マイナス要素も含めての信頼関係ですね。

・・・

■夫の長所をさらに褒めるとき

NO 「ほんと、明るいよね」

YES

「いいところたくさんあるけど、特に明るいところがいいよね」

ポイント 「いいところたくさんある」そして「特に」と加えると、こんなに
自分を理解してくれる人は妻だけだと思うでしょう。

15 男手って頼りになるアピール

女性が男性に惹かれる大きな要因に「頼りになる」という面があります。生活の中で男性の頼れる力を発揮する場面もいろいろあります。

「届かない棚からヒョイと物を取ってくれた」「どうしても開かない蓋を開けてくれた」「重いゴミ袋を運んでくれた」「蛍光灯を取り替えてくれた」「家電製品の配線セッティング」「パソコンの設定に詳しい」「電気系の故障や洗面所の水漏れなど直してくれる」「初めての土地でも地図を片手にスイスイ歩く」「運転が得意で安心できる」「具合が悪いとき、おぶって帰ってくれた」など。

男性は女性に頼られることで、もっと活躍したいと思います。夫婦生活で大切なことは、お互いにできないことを助け合うこと。

自分だけではできないことも、パートナーの助けがあればできることはたくさんありますよね。お互いに持ちつ持たれつないい関係を築き上げるためにも、できないことや苦手なことは素直に頼りましょう。

■重たいものを持ってもらいたいとき

NO 「ねぇ、これ持ってよ」

「(重そうにして) やっぱり無理だわ、お願い！」

> **ポイント** 夫の前で一度トライして、できないことを見せてから頼むとほとんど引き受けてくれます。

・・・

■高いところにある物を取ってもらいたいとき

NO 「ねぇ、届かないから取ってくれる？」

YES 「(チャレンジしているのを見せて) 取れない！お願い！」

> **ポイント** チャレンジしている様子を「かわいいな」と思っているはず。「しょうがないなぁ」とニヤニヤしながらやってくれるでしょう。

・・・

■硬い瓶の蓋を開けてもらいたいとき

NO 「これ、開けて」

「(開けようとして) うーん、開かない！お願い！」

> **ポイント** 妻は非力で開かなかったが、自分は力があって開けられた。これは男性にいい意味で優越感を刺激するでしょう。

16 相談してお願いして感謝する

お願いをパートナーに受け入れてもらうには、お願いの内容よりも「伝え方」が重要です。

「どうせダメって言われる」「言わなくても察してよ」という思いがあると、上から目線の言い方になったり、不満を夫にぶつけるという形で伝えてしまったりしがちです。夫に気持ちよく受け入れてもらえる伝え方を身につけましょう。やり方は簡単です。

・褒める
・機嫌良くさせる
・夫が喜ぶ言い方で伝える

「あなたがいてくれて、いつも助かる！　と褒めてから、家事をお願いする」「夫の大好きなメニューを作り、一緒にビールを出して機嫌が良くなったタイミングでお願いする」

こういうことをサラッとできますか？　まずは今日から、小さなことでも夫を褒めてみましょう。そして、お願いを叶えてくれたら感謝することも忘れずに。お互いに思いやる心を持つことが、お願いを聞いてもらう一番のコツかもしれません。

■新しく習い事をはじめたいとき

NO「あのね、自分磨きのために〇〇を習いたいんだけど」

 YES

「仕事に活かせる習い事をやりたいの」

■ポイント 男性には「自分磨き」という概念がないので、「仕事のために」ということで話しましょう。

・・

■車での送り迎えを頼みたいとき

NO「駅まで送って」

 YES

「ごめん！駅まで送ってもらえると助かるんだけど」

■ポイント 当たり前のように言わず、ちゃんと「お願い」と「有り難さ」を表現するようにしましょう。

・・

■スマートフォンの乗り換えについて相談したいとき

NO「スマホを△△会社の機種にしたいなと思って」

YES
「スマホの乗り換えしたいんだけど、どこがいいかな？」

■ポイント 男性が得意そうなジャンルは、相談して頼ると張り切ります。

17 頼り方を使い分ける

夫を頼りにしない妻。「夫が頼りにならないから仕方なく」とか「夫を頼るより自分でやった方が早い」とか思っていませんか？

しかし、どんな夫でも、どこかで妻が自分を頼ってくれる事を望んでいます。普段は夫の方が甘えている状態で頼りにならないと思っていても、最後には男性として頼られたいと思っています。そして、普段は気丈な妻が、自分の前では心を許し、涙して甘えるくらい弱い姿を見たいのです。

妻に頼りにされることで「自分の必要性」や「男としての価値」を強く感じられるから、夫は家族を守ることに生き甲斐を感じられるのですね。

何でも自分でやってしまって、夫から仕事を奪っていませんか？　夫に委ねたり甘えることは、妻が心から夫を必要としている証であり、夫のプライドを満たします。

結婚生活の幸せを持続できるかどうかは、夫を頼れるかどうか、で決まると言っても過言ではありません。

■夫に頼んだことが上手くできていないとき
NO「これ違う、やり直して」

 YES

> ## 「ここまでで十分よ。助かっちゃった」

ポイント 頼んだことをやってくれたことは認めましょう。夫の苦手な部分を把握できたとして、あとは自分で何とかしましょう。

・・・

■夫に頼んだことが上手くできていたとき
NO「やってくれてありがとう」

 YES

> ## 「さすが！やっぱり、あなたの方が上手ね」

ポイント 夫が得意なことをどんどん見つけて、それを「あなたの方が上手だから」作戦で、どんどんやってもらいましょう。

・・・

■夫が頼りにならず、自分で問題を解決したとき
NO「もういい、自分で考える」

 YES

> ## 「アドバイスありがとう。ちょっと考えてみるね」

ポイント アドバイスを採用しないことは伝えず、全否定せずに「参考にする」と伝えればプライドを傷つけません。

(18) 夫婦会議のポイント

夫婦といえども、もとは赤の他人です。育った環境や性別の異なる夫婦が話し合いをするのは、なかなか難しいこともあるでしょう。夫婦で会議をしていても、話している途中で目的がわからなくなることもよくあります。

例えば「もう少し家事に協力してほしい」と妻から夫へ話し合いを持ちかける場合。話し合いの目的をなるべく具体的に決めておき、目指すゴールを共有することが大切です。ゴールをしっかりおさえておけば「途中から会話がグダグダ……」「結局はケンカになる」「お互い納得できないまま終了」を避けることができます。

話し合いがヒートアップして言い争いならないよう、特に妻は夫に批判やダメ出しをしないように気をつけましょう。

夫婦会議は、妻の意見を通すため、夫を変えるために行うものではありません。夫婦にとって一番良い在り方を導き出すことを目的に大切なことを話し合って決める場にしましょう。

■夫の判断が間違っているとき

NO「どう考えても、間違っていると思うけど」

「こういうやり方もあると思うけど、どう思う？」

ポイント 否定やダメ出しではなく「どう思う？」と意見を聞くようにすると間違いから抜け出させることができます。

・・・

■話し合って夫の意見を採用するとき

NO「あなたが決めればいいわ」

「そうね、あなたの言うとおりね」

ポイント 夫婦での話し合いで「そうね、あなたの言うとおりね」と言うと、夫を認めつつ責任を負わせる状態になり、妻は気が楽になります。

・・・

■夫の意見は正論だが気持ち的に納得いかないとき

NO「うるさい！もう、わかったわよ」

「あなたの言うとおりだわ。ちょっとモヤッとするけど」

ポイント 正面きって納得いかない雰囲気を出すと言い争いになりかねないので、少し拗ねている様子をだす程度にしましょう。

19 聞いてほしい、わかってほしいとき

夫婦として生活すると、会話の内容が家族の業務連絡ばかりで色気がない話になりがち。すると、だんだん、夫が妻の話を聞かなくなる。という状態に陥ってしまう夫婦は少なくないようです。

このような「会話レス夫婦」の状態を長引かせないようにするにはどうしたらいいでしょうか？ 夫が自分の話を聞いてくれないことを「もう私に興味がないんだ」と被害妄想に陥ってしまう妻が多いですが、それは間違いです。

女性はストレスがたまったときは、人と話すことで解消させますが、男性は嫌なことやストレスは自分の中に抱えたままボンヤリすることで解消させます。夫が家に帰ってから1時間から2時間ぐらいテレビやスマホゲームに夢中になるのは、ストレスを解消しているということなのです。

このように男性と女性は、根本的に違います。「夫が話を聞いてくれない！」と嘆くだけでは、なにも変わりません。相手に合わせたコミュニケーションを取ることができれば、夫婦の仲は良くなりますよ。

■人の話を上の空で聞いているとき
NO「ねぇ、聞いてる？」

「私の〇〇の話を5分聞いてくれる？」

ポイント 男性は基本的に自分に関係ない話に興味を持たないので、時間を区切って話すと聞いてくれますよ。

・・・

■気持ちをわかってもらえなくて辛いとき
NO「どうせ私のことなんて、どうでもいいんでしょ」

「一番わかってもらいたい人に、わかってもらいたいの……」

ポイント 夫婦は一番わかり合える存在でいたいとお互いに思っているはず。その気持ちをそのまま伝えましょう。

・・・

■心配事があってネガティブな気持ちのとき
NO「（一人でクヨクヨ）どうしよう……」

YES

「私、〇〇が不安なの。どうしたらいいと思う？」

ポイント 負の感情をぶつけるではなく、「困っているから助けてほしい」というメッセージを伝えましょう。

㉒ 親しき仲での礼儀作法

親しき仲にも礼儀あり。お互いを大切にするというのは、常に相手のために何かをする、相手のすべてを理解することではありません。

「あえて踏み込まない」も優しさです。例え夫婦でも、触れてほしくないことは聞かないこと。例えば、過去の出来事やセンシティブでプライベートなことや秘密にしたいこと、相手が話したくないことにはあえて踏み込まないようにしたり、時に気づかないふりをしたりしてあげましょう。人生のパートナーである夫婦こそ、マナーを大切にしたいですよね。

夫婦だから何でも知り尽くさなくてはいけないでしょうか？　そうではなく、知り尽くせない部分も含めて、相手のことを愛せる、大切に思うことがパートナーシップだと思います。

夫婦は長い人生を一緒にいるので、相手に「甘え」「当たり前」「依存」「所有」などのマイナスな気持ちが生まれやすいものです。「親しき仲にも礼儀あり」を守りあう思いやりがある夫婦でありたいですね。

■聞かれたくないことを根掘り葉掘り聞かれたとき

NO 「そんなの、あなたに関係ないでしょ！」

YES

「それ、あんまり話したくないことなの。ごめんね」

ポイント 真剣な表情で静かにキッパリ伝えることで、「これ以上は踏み込むな」という意思が伝わります。

・・

■言いにくいことを切り出したいとき

NO 「あのね、言いにくいんだけど……」

YES

「良いニュースと悪いニュースがあるんだけど、どっちから聞く？」

ポイント 言いにくいことを「言いにくい」と伝えると相手が構えてしまいます。ちょっとした良いことを加えて話すと伝えやすいです。

21 夫と同じ目線で仕事を気遣う

夫が仕事のことで悩んでいるとき、妻としては力になってあげたいもの。ＮＧ行動は「何かあったの？ 話を聞くよ」などストレートな言葉かけです。「妻だから私が何とかしなくちゃ」としゃしゃり出ると、もっと悩みをこじらせてしまうこともあります。

男性は自分一人の力で解決したい願望があるので「大丈夫？」「無理しないでね」ぐらいの言葉かけが丁度いいです。放っておきながら見守っていれば、話したくなったタイミングで夫から話をしてくれます。夫の問題は、夫のものです。悩みを解決できるのは、夫自身なのだと意識しておくことが大切です。

妻としてやるべきことは、夫の食欲と睡眠のチェックです。食欲と睡眠はメンタルが弱っているとテキメンに出ますから、食事をきちんと食べているか、眠れなくて夜中に起きたりしていないか、など心身の健康をはかるためにも確認してみてください。

夫が悩んでいるときは、何があっても夫を信じて味方でいると態度で示しましょう。きっとそれだけで、心強く感じて乗り越えられるのではないでしょうか。

■夫が仕事のことで怒っているとき
NO「そんなに怒らないでよ」

 YES

「当然よね！そんなことあったら私も怒るわ」

ポイント 怒っていることに気持ちを向けるのではなく、事柄にフォーカスして、味方だと伝えましょう。

・・

■会社の人間関係で悩む夫に、アドバイスを与えたいとき
NO「それって○○さんが悪いと思うよ」

 YES

「あくまで私の考えだけど……」

ポイント 「こうした方がいい」と決めつける言い方はしないで、「参考にしてね！」という切り口でアドバイスしましょう。

・・

■仕事が忙しくてもちゃんと食事をとってほしいと伝えたいとき
NO「ちゃんと食べてよ。身体壊すわよ」

 YES

「すぐに食べられて栄養あるモノを用意するね」

ポイント 命令のような言い方をすると男性は瞬発的に反発したくなるものです。「栄養あるモノを用意する」と結論だけ伝えるといいでしょう。

22 怪しい動きも「仕事？」と聞く

パートナーが毎日のように帰りが遅かったり、早朝から出かけたりすると心配になりますよね。

一番多く考えられる理由は、やはり仕事です。責任ある職になって、さらに繁忙期で通常以上の業務が重なってしまうということがあります。仕事に没頭し過ぎると、興奮状態になって疲れ知らずの感覚にもなりがちです。夫の体調管理に気をつけるようにしましょう。

仕事以外で帰ってこなくなるというケースもあります。もしかしたら、他の女性と浮気しているという場合もあるでしょう。妻に連絡をしないであえて帰ってこなかったり、慎重にアリバイを作って帰らない場合も考えられます。

どちらにしても、夫が家に長くいたくない心理としては、自分が家庭で必要とされていないと感じるから、ということかもしれません。

それで、仕事や浮気で気をそらしているのかもしれません。夫に対して、あなたは大切な家族であり、必要としていることをわかりやすく具体的に示すことをしてみましょう。

■毎朝早く出勤する理由を聞きたいとき

NO「始業時間が9時なのに、どうしてそんなに早く行くの？」

YES 「ずいぶん仕事が忙しくなったみたいね、頑張ってね」

 仕事かどうかわからなくても、とりあえず妻から「仕事？」と話題を振ってみましょう。

・・

■毎日遅く帰ってくる理由を聞きたいとき

NO「なんで毎日こんなに遅いわけ？」

YES 「お疲れ様。任される仕事が増えたみたいね（仕事ということでカマをかける）」

 男性のライフスタイルの中心は、だいたい仕事なので怪しい動きも「仕事？」とカマをかけて聞き出すのがいいでしょう。

お金のことで夫婦間がギスギスするのはできれば避けたいですよね？　お小遣い交渉のときは、すぐに却下せず、「どんなことに使っているの？」と3ヶ月分の明細を教えてほしいと言ってみるのもおすすめです。ただ値上げに反対するのではなく、男性を説得するには論理的に数字の根拠が必要だからです。

夫のお小遣いの目安ですが、収入や家族環境によって額もまちまちですが、手取り収入に対して約1割が目安だそうです。手取り20万円なら2万円、お昼代が別の人はプラス1万円など。

夫への感謝の気持ちと、お金をやりくりしていくことで家族にもたらすメリット、将来のビジョンを伝えることで、もしかしたら今の金額で満足してくれるかもしれませんよ。

もしかして、仕事で給料を稼いでくるのは当たり前！　という態度でお小遣いを渡していませんか？「仕事を頑張ってくれて、ありがとう！」と感謝されながらお小遣いを渡されたら嬉しいと思います。感謝の気持ちを伝えることを忘れずにしたいですね。

■夫にお小遣いを減らしてもらいたいとき

NO 「家計が大変だから、お小遣い減らすわよ？」

YES **「私も洋服を買ったりするのを控えるから、協力してくれないかな？」**

ポイント 一方的にお願いするのではなく、痛みを分かち合うような言い方がベスト。

・・

■夫にお小遣いの値上げを頼まれたとき

NO 「上げてあげたいけど、家計も大変なのよ」

YES **「どうしたら、お小遣いを上げることができると思う？」**

ポイント 質問返しをすることで、お小遣い問題の当事者として真剣に考えてもらいましょう。

お互いの休日をエンジョイする

夫婦それぞれの友達付き合いや家族ぐるみのバーベキューなど、夫の友達付き合いに妻も誘われこともあるでしょう。周りは全て初対面ですから、気が進まない人も多いと思います。なので、夫婦それぞれが、友達と楽しく付き合えるように譲り合うことをおすすめします。

そして、ある程度のルールが必要です。夜遅くの友達からの急な誘いに行くのは遠慮してほしいとか、飲み会は月に1回とか、異性の友達は複数人ならいいけれど二人で出かけるのはダメとか。

そして、夫が友達を家に連れてくる場合、妻にはこのような悩みが出ることも忘れずに。

・食べるものに気を遣う
・家を掃除しなくてはいけない
・のんびりくつろげない
・なかなか帰ってくれない
・話に入れなくて困る

夫の友達と一緒に過ごすか、その間は外に出かけるか、など、事前に話し合っておくとお互いに気が楽になりますね。

■夫が男友達を招いて、家で飲むのが嫌なとき

NO 「友達を呼ぶのやめてくれない？大変なの」

YES 「頑張ってみたけど、実は他の人を家に入れるのが苦手なの。どうしよう」

ポイント 嫌なことを我慢することはありません。頑張ったけどダメだったと素直に伝えましょう。

・・

■休日に友達を家に招きたいので、夫に協力（またはガマン）してもらいたいとき

NO 「今度、友達が来るからよろしくね！」

YES 「仲良しの友達が会いに来てくれるんだけど、あなたはどうする？」

ポイント 「あなたはどうする？」と選択ができるように聞いて、その選択を尊重してあげましょう。

・・

■夫が休日に友達と出かけているとき

NO 「あなたは私より友達と出かける方が楽しいのよね」

YES 「休日に出かけてばかりで寂しいな、私もあなたと出かけたいよ」

ポイント 嫌みのような言い方はマイナスに伝わってしまうので、素直に「寂しい」「一緒に出かけたい」と伝えましょう。

25 気分転換に協力してもらう

男性の気分転換は、内に向かう傾向があります。「書斎が欲しい」「自分の部屋が欲しい」などとよく言いますよね。自分の部屋にこもって、スポーツ観戦、ゲーム、Netflixを観る、YouTubeを観る、趣味に没頭するなどをしたいからです。

もしくは、外に出かけてアウトドアやスポーツに没頭することが気分転換になる人も多いです。つまり、集中して気分をすっきりさせるということです。

対して女性の気分転換は、外に向かう傾向があります。ショッピングをする、カフェでまったりする、友達とおしゃべりする、友達と温泉旅行に行く、など。お金を使うことか、おしゃべりすることで発散する傾向にあります。

ストレス解消や気分転換の方法は、男性は「没頭」して、女性は「発散」する。この気分転換の違いを知っておくと、お互いのやりたいことを尊重できますね。

■趣味に熱中したいので声をかけないでもらいたいとき

NO「話しかけないでね」

YES

「これから集中します！協力よろしくね」

ポイント 男性は一点集中型のタイプが多いので「集中する」と言えば共感して協力してくれるはずです。

・・・

■一人で気分転換する時間がほしくなったとき

NO「ちょっと出かけてきます」

YES

「気になるカフェとかお店があるから行ってくるね」

ポイント 気分転換したいと言うと伝わりにくいです。用事があるということにして出かけると変に推測されません。

26 恋人気分を取り戻す

恋愛のゴールは結婚とよく言われます。恋愛はファンタジーですが結婚は生活そのものです。夫婦とは空気のような存在だという話も聞きますが、何年たっても恋人のようにラブラブな夫婦もいます。

だんだん恋愛感情が薄れていき、恋人関係にあった頃とは大きく変わってしまう夫婦もいますよね。どうすれば、恋人のようにラブラブな夫婦でいられるのでしょうか？

例えばデート。結婚してからデートをしなくなる夫婦は多いようですが、定期的なデートをすることで、恋人のような気持ちをキープできます。子どもと一緒のお出かけも、自分たちが「デートしている」と設定すれば、ラブラブなデートになりますよね。

それから名前の呼び方。子どもが産まれるとパパ、ママと名前で呼ばなくなってしまう夫婦が多いようですが、意識的に名前やあだ名を呼び合うことで恋人気分を保つことができたりします。シチュエーションで使い分けるなど、いろいろ工夫してみましょう。

■たまには休日を一緒に過ごしたいとき

NO 「休みの日にスケジュール入れないで」

YES

「今度のお休みに、久しぶりにデートしたいな」

ポイント 一緒にいたい、出かけたい、デートしたい、と素直に伝える妻は可愛い存在です。どんどん言いましょう。

・・

■恋人気分を取り戻してデートしたいとき

NO 「ねぇ、たまにはどこかに連れて行ってよ」

YES

「付き合い始めのころ、よく海に行ったよね。オシャレして一緒に出かけたいな」

ポイント 男性はロマンチストなので、ロマンチックな誘い方をするとその気になりやすいです。

・・

■たまには夫から手をつないでほしいとき

NO 「そっちからつないでくれてもいいんじゃない?」

YES

「ねぇ、(手を差し出す)おててが寂しいって(笑顔で)」

ポイント 可愛くおねだりする女性のお願いを断る男性はいません! 甘えたいときは、遠慮なく甘えましょう。

上手なおねだりのススメ

恋人時代は何かにつけてプレゼントをしてくれた夫。でも今は、何かをくれる気配なんて全くない、ということが多いのでは？　せめて、記念日や誕生日くらいはプレゼントをしてほしい！　という妻の願いをわかってほしいですよね。

プレゼントのおねだりのコツは、あくまでも、プレゼントしてほしいのは「夫のため」と表現してみることです。男性は、ただのワガママのようなおねだりには、あまり気乗りはしません。でも、「夫と一緒にいるときに美しくありたい」というアプローチには弱いものです。おねだりする理由を自己中心的な表現にしないようにするのがコツです。

ちょっとセクシーな路線で効果的なのは「ねぇ、どうしても欲しいの。だめ？」と抱きついたり、キスをしたりしておねだりする方法。これは、普段はしっかり者の妻であればあるほど効果があります。

男心を刺激して「しょうがないなぁ」の一言を引き出すために、できるだけ可愛くおねだりしてみてくださいね。

■夫からのプレゼントが欲しいとき

NO「たまには何か買ってよ」

YES

「あなたがくれたモノだもの、一生大事にするわ」

ポイント 誰に買ってもらったか？　が大事なのだということをしっかり伝えれば、喜んでプレゼントしてくれるでしょう。

・・

■オシャレに気づいてもらいたいとき

NO「ねぇ、何か気がつかない？」

YES

「ちょっとオシャレしてみました！」

ポイント 男性は細かいチェンジに気がつきにくいので、自分で申告することでしっかり把握して褒めてくれますよ。

・・

■夜の営みにお誘いしたいとき

NO「（寝る直前に）しようよ」

YES

「（夕食の時に）今夜、仲良くしたいな」

ポイント ストレート過ぎず、遠回し過ぎない誘い方がいいですね。二人だけがわかる、夜の営みの合い言葉を作るのもおすすめです。

第**2**章

夫の癖を改めて
もらいたいときの
言い方

28 食事のマナーが悪いとき

結婚する前には気にならなかった夫の食事マナーが、最近やけに気になるという悩みは多いようです。食事のマナーは周りの人に不快感を与えることがあるので、必要な場合は注意しましょう。

注意する際は、「食事のマナーが悪いと、仕事関係の食事の席で悪いイメージを持たれてしまうから」など「仕事のため」と伝えると聞き入れやすいかもしれません。他にも、「あなたはカッコイイんだから、食事マナーが悪いともったいないよ」など、プライドを潰さないような言い回しがおすすめです。

もし、食べこぼしが多いようなら、食事中の会話を控えるのが効果的です。お互いに口にモノが入っていないときに話をするようにしましょう。話したいことがたくさんある場合は、食事が終わってゆっくりお茶をしている時間に会話を楽しみましょう。

そして、外食先でのマナー。「こちらはお客だ！」と、店員さんに大きな態度、失礼な物言いをしたら、はっきりと指摘し、改善するように促すこと。これができるのは妻だけです。態度の悪い夫をしつけるつもりで行いましょう。

■食事の食べ方が汚いとき
NO「ボロボロこぼさないでよ」

「食べにくい？スプーンにする？」

ポイント　食べ方を責める代わりに、改善策を提案しましょう。

....

■食後に煙草を吸うのをやめてもらいたいとき
NO「食事の後に煙草吸うのやめて」

「まだ余韻を楽しみたいから控えてもらえるかな？」

ポイント　身内であっても嗜好品をやめさせることは難しいものです。「私のために控えて」と言えば角が立ちません。

....

■レストランなどで、夫が店員に文句を言うのがイヤなとき
NO「文句を言うのは恥ずかしいからやめて」

「そうだね、料理が出てくるの遅かったね。さぁ、食べよう」

ポイント　その場で解決したいと思うのが男性です。それを止めるよりも共感して早めに話を終わらせる方が賢明です。

29 お酒を飲み過ぎていたら

夫がいつもお酒を飲んで帰ってくる。毎晩のように家でお酒を飲んでいる。お酒による夫の健康被害を心配している妻は少なくないと思います。夫の酒癖の悪さに手を焼いている妻は、夫が帰ってくるまでいろいろな不安が頭の中を駆け巡り、どんなに夜遅くても眠れないといいます。

お酒をたくさん飲む人は、ストレスを貯めこんでいる可能性があります。普段は優しい夫が、お酒を飲むと別人のようになる、という話も多いですよね。

お酒をやめさせたくても、お酒好きの人がすぐに禁酒できるとは考えにくいでしょう。まずは飲んでもいいお酒の量を決め、飲み過ぎないように促してみてください。お酒の量を控えることができたら、次は休肝日を設けて肝臓を休める日を作ることをおすすめします。

お酒の量を減らすように促し、禁酒とまではいかなくても最終的にはお酒に飲まれることのない節度ある飲酒ができるように改善していきましょう。夫だけでは、すぐに挫折してしまうかもしれませんが、妻や家族の助けがあればきっと乗り越えられるはずです。

■お酒を飲み過ぎる癖を直してもらいたいとき

NO 「お酒飲み過ぎだよ、もうやめてよ」

YES

「私、あなたの身体が心配なの……」

ポイント 身内であっても嗜好品をやめさせることは難しいものです。感情的にならず「身体が心配」と伝えましょう。

・・

■お酒を飲んで朝帰りが続いているとき

NO 「また朝帰り？いい加減にしてよ」

YES

「もしかして、仕事とか大変なの？」

ポイント お酒を飲んでいることを責めるのではなく、なぜ飲んでしまうのか？　にフォーカスして聞いてみましょう。

・・

■外飲みはお金がかかるので、内飲みに切り替えてもらいたいとき

NO 「外での飲み会、多くない？断れないの？」

YES 「（家計簿を見せて）あのね、今の現状なんだけど……。もっと貯金したいから、どうしたらいいと思う？」

ポイント 相談したい、一緒に考えよう、とイニシアチブを夫に渡して飲み代の多さを自覚してもらいましょう。

ゲームと夜更かし問題

夫が夜更かしして寝てくれなくて毎日困っているかもしれませんが、実は夫は仕事で疲れているストレス解消のために夜更かしをするということを知っておいてください。

仕事から帰ってきて寝るまでの時間は、夫にとって「自分の時間」であり、夜遅くまでNetflixやYouTubeを観たり、好きなゲームに没頭することで、ストレスの解消になっているのです。

なので、制限したい気持ちはわかりますが、まずは妻が寝ているのを邪魔しないようにするとか、夫の部屋を作るなど、工夫をしてみましょう。

しかし、夫が安心して夜更かしをしていられるのは、妻が翌日の朝、必ず起こしてくれると思っているからかもしれません。それならば、「夜更かしを認める代わりに、朝は自分で起きてね」とすることで、夫は自分で起きなくてはいけないという危機感を持つようになり、夜更かししたら起きられない事実を知るはずです。

就寝の生活リズムも自分の時間も、とても大切なことです。お互いに納得できるように話し合いましょうね。

■夫がゲームばかりしているとき
NO「ゲームばっかりしてないでよ！」

「そのゲーム、面白そうだね」

ポイント もしかしたら、ゲームばかりしているという罪悪感はあるかもしれません。なのであえて「面白そうだね」とすると効果的かも。

・・

■朝が弱いのに夜更かししているとき
NO「早く寝なさいよ、また寝坊するよ」

「さぁ、もう寝よっか？一緒に寝室行こう」

ポイント 大きな男の子を寝かしつけるようなイメージで寝室に連れて行きましょう。

・・

■電気をつけたままソファーで寝るのをやめてほしいとき
NO「また電気つけっぱなし！」

「眩しくない？電気ついてるよ」

ポイント 「電気つけっぱなし」とダメ出しせず、「電気ついてるよ」と現状指摘しましょう。

㉛ 時間にルーズで困る

すべての人に、1日24時間という限られた時間が平等に与えられています。妻が時間に正確でキチッとしているのに、夫が時間にとてもルーズだったら、かなりストレスを感じますよね。

夫が約束した時間よりいつも遅く帰ってくる。夫のせいで出発時間が必ず遅れる。それなのに夫は、時間にルーズなことをなんとも思わず反省をしない。

このように、夫が時間にルーズで困っているなら、夫が時間のことで失敗するたびに、時間を守ることの大切さを教えてあげる必要があります。

例えば一緒に出かけるとき、何分の電車に乗らないと映画に間に合わないよね、とか、何かをするときに何分かかるかを細かくシミュレーションしてみることが有効です。LINEの返事が遅いときも、どうして遅いと困るのかを感情的にならずに説明するといいでしょう。

または、あえて時間にルーズな夫の計画通りに行動して、いろいろ困ったことに遭遇することで、夫に早く行動した方がメリットがあることを体験させるのもおすすめです。

■LINEの返信が遅いことを指摘したいとき

NO 「読んだらすぐに返事してよね」

YES

「大事な要件のときは早く返事もらえると助かるわ」

ポイント 返信を強制する言い方ではなく、こうしてほしいという言い方をしましょう。

・・

■時間にルーズなところを直してもらいたいとき

NO 「また遅刻！いい加減にしてよ」

YES

「一人で待つの寂しいから、もっと早く来てほしいな」

ポイント 時間にルーズもなかなか改善されにくい癖なので、「私が寂しいから」と表現するといいでしょう。

32 マイペース過ぎて困る

マイペースな夫の多くは「興味があることしかやらない」ことが特徴です。興味があることには熱中するけれど、興味がないことはスルーする。そして、自分の思いのままに行動をしたり発言するので、妻としては「何をしでかすのか?」「何を言い出すのか?」とドキドキしてしまうこともあるでしょう。

しかもマイペースな夫は、人の話をちゃんと聞いていないことが多いですよね。「何回も言ったよ」「前にも言ったでしょう」と伝えると、定型文のように「聞いてない」と返されてガッカリすることもあるのでは?

もしかしたら、実は、妻がしてほしいことがイマイチわかっていない可能性があります。なので、何をしてほしいかを紙に書き出すとかスマホにメモするなどして具体的に伝えることで、改善される可能性があります。

夫は、あなたに嫌な思いをさせたくてマイペースでいるわけではありません。常日頃から、しっかりコミュニケーションをとって、お互いにベストなペースを見つけましょう。

■いっときの思いつきに家族を巻き込んで迷惑なとき

NO「はぁ……、またくだらないこと思いついて……」

「なんか面白いこと考えた？」

ポイント これは楽しい性格と認定することが大前提で、ノッてあげるフリをするといいですね。

・・

■行動があまりにもマイペース過ぎて困るとき

NO「家族のペースに少しは合わせてよ」

「家族と一緒のときは、ペースを合わせてくれると助かるわ」

ポイント 普段はマイペースでもいいけれど、と前置きして伝えるといいでしょう。

・・

■旅行中なのに一人でどこかに行ってしまったとき

NO「家族旅行なのに勝手な行動しないでよ」

「個人的に行きたいところがあったら、事前に教えてね」

ポイント 性格面での癖は直すのが難しいので、尊重しつつピンポイントでお願いしましょう。

33 夫の表情が硬くて心配です

男性は女性と比べて表情が薄いというか怖いですよね。これは、顔の筋肉を使っているかいないか？　によるところが大きいです。

無表情な人とニッコリ笑っている人とを比べたら、どうしても笑っている人に好印象を持ちます。さらに内面も「怖そう」「優しそう」と思い込んでしまいます。つまり、無意識な表情からその人の内面を読み取っているわけです。

しかし、必ずしも表情と内面とが一致しているわけではありません。本当は心優しくて気配りができる人なのに、顔が無表情なだけで怖い印象を与えてしまい、心の優しさが伝わりにくくなってしまっているのです。これでは、顔の筋肉がこわばっている男性が不利になりますよね。

笑顔にするための物理的な仕組みとして、顔の筋肉の表情筋を動かせばいいのです。「顔の筋肉トレーニングをしよう」と誘って、一緒に表情筋のトレーニングをしてみてはいかがでしょうか？　妻も笑顔美人になれるので一石二鳥ですよ。

■もっと自分に自信を持ってほしいと伝えたいとき
NO「大丈夫、大丈夫！」

 YES

「あなたなら絶対にできる！信じてる」

ポイント 男性が女性からの応援で心に刺さるのは「できる」「信じてる」です。

■表情が硬いのでもっと笑顔になってほしいとき
NO「顔が怖いよ！」

YES

「笑った方がカッコイイよ」

ポイント 男性は顔の皮膚が厚いので笑顔が作りにくい人が多いです。笑顔
＝カッコイイと言って笑顔になってもらいましょう。

34 ためこみ癖とダイエット

男性は女性よりも、何かにハマったりのめり込むことが多く、趣味一つとっても、はまり方が違います。気がつくと趣味にお金を使い過ぎて家計が圧迫されていたということもあるでしょう。

趣味には、人生にメリハリを与え有意義な時間を過ごすことができる、というメリットがあります。しかし、夫が趣味に没頭するあまりに、家族をかえりみないようになったら本末転倒ですよね。

例えば、夫がフィギュアを大量に集めだして、部屋がフィギュアで埋め尽くされている。何度も「やめてほしい」と言っても聞かない。夫がキャンプに行くのが趣味で、毎週日曜になると妻と子どもを連れて遠出する。妻の週末の予定が、すべてアウトドアで潰れてしまうのが辛い、など。

男性がこだわりを持つ趣味の世界は口を出すのは難しいもの。ただし、必要以上の出費は家計を圧迫してしまいますし、家族を巻き込むと妻や子どもの時間を奪います。

趣味を、適切な金額と時間の範囲内で楽しんでほしいなら、家族会議を開いてでもしっかり話し合いましょう。

■浪費癖を改めてもらいたいとき

NO「また買ったの？いくらしたのよ！」

 「（家計簿などを見せながら）ちょっと相談があるんだけど……」

ポイント 男性は、女性から相談したい、一緒に考えよう、とイニシアチブを渡されると自分を犠牲にしても解決しようとします。

・・

■夫の趣味の品々が邪魔なので、処分（または整理）してもらいたいとき

NO「これ、邪魔なんだけど」

 「ずいぶんたまったね！でも、どうしようね？」

ポイント ぜったいに勝手に捨てたり処分してはいけません。片付ける前提の話し合いをしましょう。

・・

■本格的にダイエットをしてもらいたいとき

NO「そのお腹はダメよ、ダイエットしよう！」

 「（ファッション雑誌を見せて）こういう服、すごく似合うと思うよ」

ポイント 男性は自分自身が必要だと自覚しないとダイエットをしません。なので間接的な伝え方がいいでしょう。

「夫の話が長い」とほとんどの妻は思っています。うんちくや、得意なスポーツの解説、経済の仕組み、仕事の武勇伝を語っているときなど、妻は夫の話が長いと感じているようです。しかも、その話の核心にたどり着くのに時間がかかるので、「夫の話は長くて理屈っぽい！」と余計に感じてしまうのです。

男性はAについて話し終えないと、Bのテーマに進めません。そして、文章の出だしから「。」で終わるまでの一塊のワンセンテンスが長いのです。これが女性からすると「同じ話をいつまでもしている」ように聞こえるので、「いつまでAの話をしているの？」と思うのです。

男性はシングルタスクといわれており、一つのことに集中して行動したり話をしたりします。女性は、マルチタスクなので、同時に複数の行動ができたり、いろんな話をしたりできます。

夫の話が長いと感じたら、「話が長いよ」と明るく伝えてしまいましょう。そして、話を聞く余裕があるときは、「なるほど」「たしかに」と男性が話しやすい相づちをいれてあげればOKです。

■TVの情報を鵜呑みにしておかしな主張をしてくるとき
NO「また？すぐ情報に流されるんだから」

「へー！うん、そういう考えもあるよね。私はこう思うよ」

ポイント 一旦、受け止める相づちをしてから自分の意見を言うと、男性は聞く耳を持ちます。

■話が長すぎる、または同じ話をくり返し聞かされたとき
NO「へーそうなんだ。ふーん（まだ終わらないの？）」

「（笑顔で）その話はもういいかな？あのね、この前……」

ポイント 男性は感情表現で会話をしないので、「話が長いよ」と明るく伝えることで気がついてやめます。

■延々と何らかのうんちくをしゃべり続けるとき
NO「へーそうなんだ、ふーん（話長いなぁ）」

「私を10才の子どもだと思って話してみて？」

ポイント 男性の難しい話を聞くのは苦痛ですよね。「10才の子どもだと思って」と例えるとわかりやすく話してくれます。

36 攻撃的な態度のいなし方

男性には、攻撃ホルモンのテストステロンが多めの人と少なめな人がいます。大声を出したり怒鳴るタイプの夫は、テストステロンが人より多めなので攻撃的なのかもしれません。

ちょっと自己中心的なぐらいだったら、夫を上手に立てて、夫への感謝の意をたくさん言葉にすることで、攻撃性を『守ってあげたい感情』にすり替えることができます。ちょっとしたことでも夫を褒めて、感謝を示すことで優しい心を引き出しましょう。褒め育ての子育てと一緒ですね。

程度が酷い場合は、「怒鳴らなくても聞こえるから、普通の声で話してほしい」と冷静な態度でクールダウンさせましょう。そして、機嫌がいい時に「怒鳴られると怖いの」「大きい声が苦手なの」と伝えてみてください。

夫に怒鳴られたときにすべき行動は「怒鳴ることで伝えられる」という思い込みをはねのけることです。過去に怒鳴ったことで得をした経験があるから、何度も大声を出して怒鳴るのです。その悪循環を断ち切るためにも、『大声で怒鳴る＝要求を飲む』ことはしないようにしましょう。

■ネガティブな感情で周囲に当り散らすとき

NO「ちょっと！もう、やめてよ！」

 YES

「（黙々と準備をして）出かけてくるね」

|ポイント 男性が興奮しているときは、物理的に距離をとるのが有効です。相手の頭が冷えた頃に戻れたら戻りましょう。

・・

■きつい言い方を優しくしてもらいたいとき

NO「そういう言い方やめてよ！」

YES

「キツいなぁ……、傷ついちゃうなぁ……」

|ポイント 攻撃に攻撃で返してもそれが堂々巡りになるだけ。言葉を引き受けて「傷ついた」とすると効果があります。

・・

■都合が悪くなると開き直ったり、大声を出すのをやめてもらいたいとき

NO「うるさい！あなたって、いつもそうなんだから！」

YES **「（笑顔で）もっと声のボリューム下げてくれるかな？何かあった？」**

|ポイント 女性は男性の大きな声が嫌いですよね。でも男性本人は無自覚なことが多いので、「ボリューム下げて」と伝えましょう。

席外し・沈黙にはおおらかに対応

男性が沈黙したり、一人になりたくて席を外す理由は、

・冷静になって問題を解決したい
・混乱している自分の気持ちを整理したい
・情報収集したい

男性は沈黙したり、一人でいる間に、頭の中の情報を整理してまとめます。女性は会話をして発散しながら考えを整理するので正反対ですね。男性にとっては、疲れているときほど沈黙の時間が大事で、沈黙が長ければ長いほど、外での仕事がハードだったと考えられます。

そんなときは、好きなだけ沈黙できる状況を作ってあげましょう。特別なスキルは必要なく、ただ側にいるだけ、放っておくだけでいいのです。同じ空間で、家事をしたり雑誌を読んだりしながら。

妻は夫の「精神的な帰るべき場所」ですから、この振る舞いそのものが「あなたを受け入れています」の意味になります。「精神的な帰るべき場所」だから、心を許して妻の前で沈黙になれるということなのです。

■夫が沈黙して会話をしてくれないが、原因が思いつかないとき

NO 「なんで黙ってるの？わかんないよ」

YES

「（無視して）ごはん何食べる？」

ポイント 男性は追及されるより、無視される方が気が楽なので放っておくのがいいですよ。

・・

■何かイライラしながら、その場からいなくなるとき

NO 「いなくなるのは卑怯だよ」

YES

「冷静になろうとしているんだよね」

ポイント 席を外すことは悪いことではありません。攻撃をしないようにするための行動です。

お酒とタバコをやめてもらう

お酒もタバコも、「わかっちゃいるけど、やめられない」
のが悩み。適度な飲酒は、コミュニケーションを円滑にす
るなどのメリットがあります。しかし、過剰に飲み過ぎる
と問題行動を起こしたり、人間関係にひびが入ったりして、
社会的信用を失ってしまう恐れもあります。

飲酒量が多くなると、将来がんになりやすいことが明らか
になっています。飲酒量が1日2〜3合の男性は、時々飲む
人に比べて、がん発生率が1.4倍になります。そして、こ
こに喫煙が加わると、がんに罹患するリスクがさらに高ま
るそうです（2005年、British Journal of Center「飲酒とがん全
体の発生率との関係」）。喫煙と飲酒とがんの発生率のデータ
を見てみると、タバコを吸わない人とタバコを吸う人では、
大きな差がでます。タバコを吸わない人は、お酒の量が増
えてもがんの発生率はそう高くならないのに対し、タバコ
を吸うことがプラスされると確実に高くなっていきます。
つまり飲酒によるがんのリスクは、喫煙によって助長され
るのです。

健康面のリスク回避のため、家族と笑顔で長く一緒にいる
ためにはどうすればいいか？　夫婦で話し合ってみてはい
かがでしょう。

■（健康のために）お酒をやめてもらいたいとき

NO 「そんなに飲んだら身体に悪いよ」

YES
「一緒に長生きしたいから控えてほしいの」

ポイント 「飲まないで」と矢印を相手に向けず「私のために」と伝えると思いを受け取りやすいです。

・・・

■（煙が不快なので）タバコをやめてもらいたいとき

NO 「煙がキライだからやめて！」

YES **「（ゴホゴホ）ごめん、喉が辛いから控えてもらえるかな」**

ポイント 「吸わないで」と矢印を相手に向けず「私のために」と伝えると思いを受け取りやすいです。

39 ギャンブルとキャバクラをやめてもらう

「この結婚は失敗だった」と思ってしまうほど「夫にやめてもらいたいこと」の代表格が「ギャンブル」です。最も心配なのが、夫がギャンブルで借金を作ることですよね。

次にやめてほしいのが、キャバクラや風俗です。「妻がいるのにどうして？」と思うからですね。結婚したら、女性が接待する場所から遠ざかってほしい、と妻は願っています。

そして、タバコも身体に悪いからやめてほしいと妻は思っています。タバコは副流煙の心配もありますよね。夫はもちろん、子どもや自分の健康を心配する女性の気持ちをわかってほしいものです。

女性は結婚相手には「お金と健康を大事にする人」を求めています。すごく当たり前のようですが、なかなか叶えられずに悩む妻は多いものです。これらの悪習慣を断ち切ってもらうためにも、夫婦コミュニケーションをしっかりとって話し合いましょう。

■（お金のために）ギャンブルをやめてもらいたいとき

NO「ギャンブルやめて！」

 YES

「私と一緒に過ごす時間を増やしてほしいな」

 「ギャンブルやめて」は言った側から揉めそうな言葉なので、別な切り口で伝えましょう。

・・・

■キャバクラ（または風俗）に行った証拠が出てきたので、やめてもらいたいとき

NO「どうしてキャバクラ（風俗）なんかに行くの？」

YES

「これはお付き合い？できれば断ってほしいな」

ポイント 証拠を持ち帰る時点で本気ではないので、「お付き合い？」と冷静に聞きましょう。

第**3**章

子どものことで、
夫に力になってもらう
言い方

既婚女性へのアンケートで、夫婦の仲が悪くなった原因は
なんですか？　という設問に対し「夫が子どもの面倒を見
ない」が1位でした。しかし、同じ質問を既婚男性にした
ところ、「妻が自分をかまってくれず、子どもだけ見ている」
が1位だったそうです（2017年、ブライダルデー調べ）。これ
は悲しいすれ違いですね。ということは、妻が夫にしっか
りと愛情を注いだ先に、子どもの面倒を見てくれる世界が
待っているということ。夫婦だけのラブラブな関係が子ど
もできたことで形態が変わり、それがすれ違いのもとにな
るのがわかります。

「買い物に行きたいから、赤ちゃん見ていてね」「手が離
せないから、赤ちゃんお願い！」と夫に頼んだのに、戻っ
てみたら赤ちゃんと一緒に寝ている！　寝ている間に赤
ちゃんに何かあったらどうするつもり!?　など、あるある
ですね。

育児慣れしていない男性は、子どもを見る＝見る（目で見
ている）、一緒にいる＝育児、と解釈するようです。夫が
育児について学び、責任感を持ってくれることで、妻の負
担はかなり軽くなります。夫に「育児」について真剣に考
えてもらうようにアプローチしてみましょう。

■保育園のお迎えを代わってもらいたいとき
NO「今日のお迎えお願いしていい？」

 「どうしても仕事で行けないの。お願いしてもいい？」

ポイント 自分も調整したんだけどダメだったという一言を入れて頼みましょう。

・・・

■仕事で遅くなってしまうので、子どもの食事をまかせたいとき
NO「仕事で遅くなるから、夕食を頼むわね」

 「頑張って早く帰るけど、たぶん間に合わないから夕食をお願いしてもいい？」

ポイント 「頑張って早く帰るけど」の言葉があると助けてあげたい気持ちが芽生えます。

・・・

■友人の結婚式に出かけるので、子どもの面倒を見てもらいたいとき
NO「友達の結婚式の間、子どもを見ていてね」

 「親友の結婚式に行きたいの。○時〜○時まで面倒を見てくれると助かるんだけど……」

ポイント 時間の目安を伝えると引き受けやすいですが、必ず守って帰るようにしましょう。

41 助かったときは盛大に感謝する

育児慣れしていない男性は「子どもを見る＝見る（目で見ている）」「一緒にいる＝育児」と解釈する、と前項で解説しましたが、大丈夫！　心配しないでください。

育児慣れしていなかった時期から、少し時が経つと夫のスキルに変化がでてきます。妻が「あれ？　最近イライラしなくなった」と思いはじめたときに夫の行動を振り返ると、子どもを上手にお風呂に入れてくれていたり、洗濯をたたんでくれていたり、自主的にゴミ捨てをしてくれたりと、いつの間にか、家事にすごく協力的になっていた！　ということに気がつくでしょう。

男性は学習能力が高いので、最初は何もできなくても、妻の様子を観察したり、妻からの依頼に応えることを繰り返すことで、子育てと家事のスキルが上がっていくのです。それに伴って、妻にも心の余裕が生まれて、夫への態度が優しくなったり、感謝の言葉が自然に言えるようになります。

お互いの助け合いと感謝の積み重ねが、夫、妻、子どもの円満な家庭を育くむということなのです。

NO「ありがとう！どうだった？」

YES

「ありがとう！さすが、○○ちゃんゴキゲンだね！」

3

子どものことで、夫に力になってもらう言い方

ポイント まずは、褒める！ お礼を言う！ そして、様子を聞きましょう。

■子どもと根気よく遊んでくれたとき

NO「どうだった？疲れた？」

YES 「○○ちゃんがすごく喜んでるみたい！敵わないなぁ」

ポイント 子どもが喜んでいるという成果を伝えると達成感とこれからのヤル気に繋がります。

42 子どものしつけと考え方

子育ての考え方としては、まだまだ「夫は仕事、妻は家事・育児」という役割を思い込んでいる人が多いです。世間では妻が子育てをする役割かもしれませんが、そう決めつけられると、子育てを孤独に感じるようになりますよね。

夫が子どもの頃、どう育てられてきたか？　も、子育ての考え方に影響があるようです。

夫に察してもらうのは難しいことなので、子育ての方針や役割についてはしっかり話し合いをしましょう。夫が妻の気持ちを理解する、しないに関わらず、妻の気持ちを知ってもらうことは大切です。その際、「知り合いの家庭はこうしている」「友達の夫は子どもと遊んでいる」と、他の家庭や夫と比べることは控えましょう。夫を責めたいわけではないのですから。

「あなたと一緒に子育てをしたい。一緒に子どもの成長を喜びたい」という想いを伝えましょう。夫がそれを受け止めて変わるかどうかはわかりませんが、そうして言葉で伝え続けることで、少しずつ変わってくるかもしれません。

■夫が仕事ばかりで子どもと触れあっていないとき

NO「あなたって子どものことなんて何も考えてないのよね。父親失格よ！」

 「○○君がパパ大好きだって。たまには抱っこしてあげて」

ポイント 「パパが大好きなんだって」と子どもが望んでいる、ということで触れあわせるといいでしょう。

・・・・・・・・・・・・・・・・・・・・・・・・・・・・・・・・・・・・・・・

■子どもをお出かけに連れて行ってほしいとき

NO「公園に連れてってあげて」

 「外遊びはあなたの方が上手だから、お願い」

ポイント 子どもが行きたい前提で「あなたの方が上手だから」の一言を添えてお願いしましょう。

・・・・・・・・・・・・・・・・・・・・・・・・・・・・・・・・・・・・・・・

■子どもの片付けを手伝ってもらいたいとき

NO「一緒に片付けてやって！」

 「パパと一緒に片付けたら、うれしいと思うよ」

ポイント 子どもが喜ぶということを前面に出してお願いしましょう。

43 寝かしつけあるある

夫が寝かしつけに協力をしなかったり、赤ちゃんが夜泣き
したときに、全く起きずに熟睡しているのを見ると、ほと
んどの妻は怒りを覚えるそうです。

確かに「こんなに大声で泣いているのに、どうして寝てい
られるの？」と不思議ですよね。しかし、夜中の小さな地
震などは、妻は全く気がつかなくても夫が気がつく場合が
多いそうです。もしかしたら、生き物として守るモノの役
割分担があるかもしれませんね。

女性は子どもを産んだときから「自分が子どもを守らなけ
れば」という使命感で生きていくようになります。自分が
起きなかったら、赤ちゃんが大変なことになる！　と意識
をしながら子育てをしています。小さなことで心配したり
苦労したりの経験が積み重なって、赤ちゃんの気配だけで
パッと起きるようになるのでしょう。

まさに、ママ業は24時間ですが、体力が持たないことも
事実です。そんなとき、少しでもいいから夫が手を貸して
くれたら、実際はあまり役に立たなくても心が救われて落
ちつけるものです。

■子どもを寝かしつける時間なのに騒がしくされたとき

NO 「うるさい！子どもが寝ないでしょう」

YES 「(しー！) ごめんね、ちょっと静かにしてもらえる？」

ポイント 寝かしつけるときに自分も大きな声は出せませんよね。落ち着いた言い方で伝えましょう。

・・・

■子どもが夜泣きしているのにまったく起きてくれないとき

NO 「あなたはいいわよね、私ばっかり！」

YES 「もしかして聞こえないの？」

ポイント 責めるような言い方ではなく、素朴な質問という感じで「もしかして……」と聞いてみましょう。

44 子どもの教育に関わってもらう

夫にも子どもの教育に関心を持ってほしい、いろいろ関わってほしいと思いますよね。しかし、夫が入り込む余地がないぐらい、妻が子どもの教育にのめり込んでいる場合もあります。

子どもの教育に対して一生懸命なのはとてもいいことです。だからこそ、夫にも教育に関わってほしいときは、まずは夫を尊敬する態度をとることからスタートしましょう。

例えば、夫がめずらしく教育に意見をしたときに「それは違う！」と、はねのけていませんか？ 「なるほど、そうだね！ そうしましょう」と相手を尊重する会話をするようにすれば、そのまま教育に関心を引くことができます。

夫が勉強が苦手で関心を持たない場合もあります。そのときは、様々なエピソードを語って、教育について興味を持ってもらうことをおすすめします。

まずは夫には、子どもと一緒に遊ぶことからはじめてもらい、子どもの将来に思いを馳せてもらいましょう。

■子どもの宿題を手伝ってもらいたいとき

NO「宿題を見てあげて」

YES 「数学得意だったよね？私よりあなたの方ができるから、お願い」

ポイント 知的さを刺激して「あなたの方ができる」とアゲアゲに持ち上げてお願いしましょう。

・・・

■子どもの進路についてもっと関心を持ってもらいたいとき

NO「子どもの将来を考えてよ」

YES 「まずは、あなたの意見を聞かせて」

ポイント 子どものことを妻にまかせる男性は多いですが、大事なことは意見を聞きたいと伝えておくといいですね。

・・・

■子どものイベント行事に参加してもらいたいとき

NO「今度の子どものイベントに行ってきてね」

YES 「楽しそうなイベントだし、きっと一緒に行ったら喜ぶよ」

ポイント 子どもが喜ぶということを前面に出して、楽しそうと付け加えてその気にさせましょう。

子どもを甘やかすパパは多いですよね。しかし、赤ちゃんの頃から、ずっと子どもと一緒に過ごしているママは子どもを甘やかすばかりではいられません。叱らなくてはならない場面もたくさんあります。

夫が子どもに甘いのは、仕事で家にいない後ろめたさや、いつも一緒にいられない寂しさからかもしれません。なので、我が子が多少わがままなことをしても、眼をつむっていられるのです。

また、嫌われないように子どもと接しているのもありますね。きっと、嫌われないようにするために、ついつい甘やかしてしまうのかもしれません。

甘やかしを控えてもらうために、たまには、夫と子どもだけで公園や買い物に出かけてもらいましょう。きっと、叱らなければならない場面もあるでしょうから、育児の大変さを実感してもらえるかもしれませんよ。

■子どもにオモチャを買い過ぎることをやめてもらいたいとき
NO「また買ってきたの？癖になるからやめて」

YES **「本当に欲しいとか必要なオモチャだけにしようと思うんだけど、どうかな？」**

ポイント 一緒にルールを考えようと相談すると、ルールを理由に勝手に買い与えることを防げます。

・・・

■子どもがテレビばかり観るのを注意してもらいたいとき
NO「テレビばっかり観るなって言ってよ」

YES **「目が悪くなるのが心配だから、あなたから言ってくれないかな？」**

ポイント 「心配だから」「あなたから言って」は男性の正義感をくすぐります。

・・・

■夫の姑が子どもを甘やかすのを注意してもらいたいとき
NO「お義母さんにちゃんと言ってよ」

YES **「孫が可愛いんだよね。でも我が家のルールがあるから、伝えてもらえる？」**

ポイント 男性はルールを重んじるのでそこを強調して背中を押してあげましょう。夫の家族を否定しない言い方も大切です。

ケンカをしない・させないルール作り

夫婦ゲンカなんてしたくないけれど、怒りが収まらずに子どもの前でしてしまうことも。夫婦ゲンカを全くしないことは難しいですよね。

福井大学とハーバード大学が調べたところ、日常的に両親のケンカを見聞きしてきた子どもたちは、脳の視覚野の一部が萎縮していたそうです。そして、記憶力や学習に影響が出る可能性もあるそうです。やはり、ケンカは避けた方がいいですね。

ケンカしないためにも「あなたはいつも〜してくれない」といった表現はやめましょう。「あなた」から言葉をはじめず、「私」を主語にして話すことをおすすめします。

夫の言動を指摘するのではなく、「私はこう思う」「私はこう感じる」と伝えてみましょう。相手を攻撃することなく、自分の気持ちを伝えることができます。こうすることによって、少しずつケンカ口調から話し合いに変わっていきますよ。

■子どもの前でケンカをしてしまったとき
NO「子どもの前で怒鳴らないでよ」

「私も反省してる。これからは控えましょう」

ポイント ケンカはお互い様なので、二人で気をつけようと家庭のルールにするといいですね。

■子どもに自分の悪口を言わないでもらいたいとき
NO「何を悪いこと吹き込んでるの？」

「すごく悲しいからやめてほしい」

ポイント これは一刻も早くやめてほしいことなので、本当に悲しい顔で深刻に伝えてください。

■子どものケンカの仲裁をしてもらいたいとき
NO「ケンカをやめさせて！」

YES「子どもはあなたの言うことの方が聞くから、お願い」

ポイント ケンカの仲裁は男性の方が得意かもしれません。夫を立てる言葉を使ってお願いするといいでしょう。

第4章

派手なケンカを
避けながらも、夫に
反省をうながす言い方

47 プライドは傷つけない

夫婦は何でも言い合える関係が理想的ですが、思ったことを一から十まで、何でも言い合うことでお互いを傷つけ合うことがあります。

何でも言い合える夫婦とはいえ、夫のプライドを傷つけるような言葉は控えるようにしましょう。

男性は、プライド（自尊心）を大切にしています。女性が思うより、男性はずっと傷つきやすいことを心に留めておきましょう。

特に傷つくのは「男のくせに」「男だったら」「男なのに」という言葉。今はジェンダーレスの時代ではありますが、男性はまだまだ、男としてのプライドにこだわりがあります。

どうして傷つくのか？　それは自分が守りたいと思っている妻から言われるからです。

夫のプライドを傷つけてしまった後、その自尊心を回復させるためには、妻の「素直、健気、感謝」の言葉と態度でリカバリーしましょう。

■「バカじゃないの!?」と言いそうになったとき

YES 「いつも面白いよね」

■ポイント 男性に言いたい「バカ」は、「面白い」「かわいい」の意味だと考えましょう。

・・・・・・・・・・・・・・・・・・・・・・・・・・・・・・・・・・・・・・・

■「知らない」「自分で考えて」と言いたくなったとき

YES 「よくわからないわ」「私は詳しくないから」

■ポイント あなたよりも知識がないから、という雰囲気を出しましょう。

・・・・・・・・・・・・・・・・・・・・・・・・・・・・・・・・・・・・・・・

■「それ必要？」と言いそうになったとき

YES 「私にはその価値がよくわからないけど……」

■ポイント 相手を認めつつ自分にはよくわからないと伝えると、一考してくれます。

・・・・・・・・・・・・・・・・・・・・・・・・・・・・・・・・・・・・・・・

■「その言い方はないよね」とダメ出ししたくなったとき

YES 「その言い方は傷つくよ、すごくイヤだな」

■ポイント 嫌なことを言われたら、感情的にならず、冷静にキッパリ伝えると響きます。

48 しんどいときのSOS

国立社会保障・人口問題研究所の全国家庭動向調査によれ
ば、実際に夫がやっている家事のトップ3は、1位：ゴミ
出し、2位：日常の買い物、3位：食後の片付け、でした。
どれも比較的簡単な家事ばかりなので、妻の負担が想像で
きますね。

「夫が何も手伝ってくれない」「そもそも、ほとんど家に
いない」というケースが多いかもしれませんが、いろいろ
なストレスが積み重なって辛いときは、素直に夫にSOS
を出してみましょう。

「疲れているところ悪いんだけど、お願いしてもいい？」
の言い方は頼りにしている感じ、「私はコレをやるから、
アレやってもらえる？」の言い方は平等な感じがして動き
やすいです。このような言い方をすると夫が協力しやすく
なります。

世の中の妻でありママは、頑張り過ぎるぐらい頑張ってい
ます。一人で抱え込まず、周囲に甘えたり、頼ったりして
みると、意外とみんなが助けてくれますよ。

こんな一言が喉まででかかったとき

■「（育児で）役に立たない」と言いそうになったとき

YES

「ありがとう。もう十分だよ」

ポイント 育児をやろうとしているのは認めて、あとは自分が引き受けるようにしましょう。

・・

■「（育児が）私ばっかりしんどい」と言いたくなったとき

YES

「子育てって、想像以上に大変……。もうヘトヘト」

ポイント しんどいことを直接伝えるのではなく、相談する言い方にしましょう。

・・

■「言われなくても（家事を）やって」と言いたくなったとき

YES 「私より掃除が上手だし、きれい好きなところが長所だと思うよ」

ポイント 家事が上手だということを伝えて、ヤル気を出させましょう。

49 歪曲表現で伝える

夫の意見をストレートに否定したり、「私のことが嫌いなのね」と論点をすり替えて責めたりすると、夫が話し合う気をなくしてしまいます。

意見がぶつかったときは、「こんなやり方はどう思う？」「あなたの気持ちを聞かせて」と受け入れる姿勢を見せると話をしやすい環境になります。

夫に頼みたいことを「やってよ！」と命令口調で伝えると、夫にストレスがかかります。「やってくれたら嬉しいな」のような柔らかい言葉に変えて伝えれば、夫は自信を持って妻を手助けすることができますよね。

パートナーに対して、思っていてもなかなか言えない代表的な3つの言葉があります。「いつもありがとう」「愛している」「あなたと結婚してよかった」です。この言葉を言い合えたら、夫婦関係が円満になることは間違いないでしょう。

夫を責めたり、試すような言葉は封印して、柔らかい言葉にして伝えてみましょう。きっと、その言葉を待っているかもしれませんよ。

こんな一言が喉まででかかったとき

■「私と仕事、どっちが大事なの？」と聞きたくなったとき

 「仕事と仕事の間の時間を、少し私に使ってくれないかな？」

　ポイント　基本的に男性は仕事モードになるとそれに夢中になります。「間の時間」という伝え方でハッとさせましょう。

■「稼ぎが少ない」とこぼしたくなったとき

 「いつも家計が足りなくなっちゃう。一緒にやりくり考えてくれる？」

　ポイント　稼ぎが少ないも男性への禁句です。歪曲表現で伝えて一緒に対策を考えましょう。

50 禁句をリカバリーする

夫婦はお互いに気を遣わないで言葉を発するため、妻から夫に「これを言っちゃおしまいよ！」な禁句が口から出てしまうことも。そして、思いがけない大ゲンカになってしまうこともあります。

特に男性に対して収入や稼ぎについて責めるようなことを言うのはご法度です。だって、収入のことは誰よりも本人が一番知っていて悩んでいるはずですから。

もしかしたら、妻が思わず禁句を口にしてしまうのは夫に「もっと愛されたい」「もっと認められたい」「もっと感謝されたい」という気持ちの裏返しなのかもしれません。

人はみんな「自分が正しい」と思っています。しかし、相手のプライドをズタズタに傷つけるようなことを言っていないか？　勝ち負けを意識し過ぎていなかったか？　を振り返ってみましょう。そして、「あんなことを言うんじゃなかった」「言い過ぎた」と思ったなら、すぐに謝って和解できるよう努めましょう。

こんな一言が喉まででかかったとき

■ケンカでうっかり「結婚しなければよかった!」と言ってしまったとき

YES

「……ずっと独身かもしれなかったけど」

ポイント 言ってはいけない一言をリカバリーするには、それを上回る愛情の言葉をつけ加えましょう。

■本気じゃないのに気を引くために「別れたい」と言ってしまったとき

YES

「ごめんなさい。心にもないことを……」

ポイント 基本的に男性を試すような言葉は御法度です。言ってしまった後は素直に謝りましょう。

51 男性的な会話の特徴

男性は会話をすることで問題を解決したい。女性は会話をすることでわかり合いたい。と、目的が全く違います。

男性が好む話題は、仕事の話、くだらないバカ話、ハマっている趣味の話、将来の夢の話、自分と相手の「最近どう？」な近況報告、女性の話（恋バナではない）です。また、自慢話や武勇伝がはじまったら、褒めながら聞いてあげましょう。

一方で、男性が聞きやすい話し方のポイントは、

・感情的にならず結論を先に提示して事実を話す
・愚痴や悩みを聞いてほしいだけ、と先に伝えて話し出す
・頼みたいことはストレートにお願いする

男性がコミュニケーションで大切にしていることは、目的を達成することと問題解決です。「有益な情報を得たい」「問題点を見つけたい」「効率的に信頼関係を築きたい」という欲求があるのです。

これを満たすような会話を心がけましょう。

■「結論は？」「手短に話して」と言われたとき

YES

「結論は○○です。10分で話すね」

ポイント これはそのまま要望に応えましょう。男性はこういう会話の仕組みが聞きやすいです。

・・

■「どういう基準で判断したの？」と諭されたとき

YES

「え？間違ってた？」

ポイント 相手の言い分をまずは素直に聞きましょう。そして意見があるなら伝えましょう。

・・

■「そうだっけ？」と何度も言っていることを忘れて聞き返されたとき

YES

「今度からLINEに送るね」

ポイント 男性は忘れっぽいところがあるので、文字に書いて伝えましょう。

52 悪意ない一言ならさらりと返す

夫からのデリカシーに欠ける言動に傷つく妻は多いでしょう。男性は察する能力が女性の1／6しかないと言われています。なので、悪気がないから言い続けてしまうのですね。

「専業主婦はいいよな」「たかがパートだろ」「手伝おうか？」「美味しくない」「俺に風邪うつすなよ」「俺と同じくらい稼いでみてよ」などなど。わたしも、自分で書いていながらイライラするような言葉です。

特に妻が傷つくのは、体型の変化のこと、食事のこと、体調が悪いときに気遣ってもらえないこと、家事や育児へダメ出しです。

このような発言があったときは、感情的に怒りをぶつけたり、仕返しをしては逆効果です。相手は察する能力が低いのですから、まずは言葉を真に受けずに流しましょう。

そして、怒りより悲しみを前面に出して「悲しい」「傷ついた」と伝えてください。男性は好きな女性を悲しませたくないはずですから、少しずつ改善されていくでしょう。

こんな一言を言われたとき

■手伝わないのに「ごはんまだ？」と聞いてくるとき

 「もうすぐできるから、運んでくれると早く食べられるよ」

┃**ポイント**┃「ごはんまだ？」の言葉をそのまま繋げて「運んで」と伝えると動きやすいです。

■夫に「お茶」と言われたとき

 「ごめん！手が離せないから、自分でやってもらえるかな？」

┃**ポイント**┃「手が離せない」の一言を加えることで、本当に飲みたかったら自分でいれるでしょう。

53 根気強く励まし、癒す

夫が疲れているときや落ち込んでいるときは、自尊心を守る励ましをしましょう。

妻だからこそ愛のある叱咤激励もいいですし、美味しい料理を作ってあげてもいいでしょう。あえて、明るく振る舞ってあげることで気持ちを軽くさせてあげることもできるし、しっかり話を聞いて、一緒に解決策を考えてあげるのも心強いと思います。

「あなたなら大丈夫！　自信持って！」「きつかったね、大変だったね」「周りはどうであろうと、私は味方だよ」「話したくなったら話してね」など、状況によって声をかけてみましょう。

男性は悩み事を一人で解決したい、一人で考えたいと思う傾向もあるので、何も話さない様子であれば、側に寄り添っているだけで大丈夫です。

スキンシップで分泌されるオキシトシンという幸福感を感じるホルモンがありますから、言葉を交わさなくても、側に寄り添うだけで、きっと元気になりますよ。

■「仕事で疲れている」が口癖になっているとき

「肩もんであげようか？」

ポイント 肩をもむという行為はスキンシップになるのでおすすめです。触れることで相手に安らぎを与えられます。

■「でも」「だって」「どうせ」など消極的な発言ばかりのとき

「危機管理能力が高いもんね。でもやってみたら上手くいくかもよ」

ポイント 短所を長所に言い換えて、前向きな発言を足すとうまい励ましになります。

話がこじれそうな場面では

新婚時代はラブラブだった夫婦が、相手に期待しては失望することを繰り返しているうちに夫婦仲が冷めていく……。「この人と結婚したのが間違いだったかもしれない」と、一度も思ったことがない人の方が少ないかもしれませんね。

いくら夫婦とはいえ本来は赤の他人です。他人同士が家庭というチームを一緒に作っていくのが結婚です。相手にばかり要求するのではなく、お互いに「支える」「思いやる」という気持ちを持ち続けることが大切ですよね。

生活するための行動を「やってあげている」と思っていませんか？ このような「奪われる」という価値観を持っていると、何をやっても幸せにはなれません。「奪われる」を「与える」と価値観を変えてみませんか？ きっと、劇的に関係が変わります。

まずは、第一歩として、笑顔で夫に接することからはじめてみてください。妻が変わることで、夫も態度を改めやすくなります。こうして一歩ずつ、円満家庭に進んでいきましょう。

■「この話何回もしてるんだけど」と責められたとき

YES 「え？そう？お気に入りの話なの。今度話したらまた言ってね」

ポイント 相手がイライラしたのかもしれません。感情的に言葉を返さずに受け流しましょう。

・・・

■「これ以上話したくない」と不機嫌になられたとき

YES 「いいよ、ちょっと落ち着きましょう（と言って出て行く）」

ポイント 話し合いでこじれたときは、一旦、距離を置くのがいいです。離れて気持ちを落ち着けましょう。

・・・

■「どうでもいいよ」と投げやりに言われたとき

YES 「私にとっては大事なことだから相談しているの」

ポイント それぞれ大切にしていることは違うこともあります。分かち合うために、しっかり伝えることをしましょう。

命令口調・上から目線への対応

命令口調で上から目線の偉そうな態度で接してくる夫の存在は、妻の不満や怒りのもとです。

男性はプライドが高い生き物ですが、自分に自信があるかどうかは別問題です。自分の自信のなさを隠すため、もっと尊敬してほしいから、偉そうな態度を取ってしまうこともあるようです。

また、夫の父親が母親に上から目線で接していた場合「夫とはそういうものだ」と思う可能性が非常に高いので、夫の両親の関係をよく観察してみましょう。

そんな夫の態度にイライラするくらいだったら、反論せず聞き流したり、すぐに別の部屋に移動するなどしましょう。夫の顔を見なくて済むのでイライラが静まります。

でも、改めてほしいことは妻がハッキリ言わないと気がつかないですよね。なので、夫が命令口調で上から目線の態度を取った瞬間「そういう言い方は怖いからイヤ。やめてほしい」と毅然とした態度で伝えましょう。ハッと気がついてくれたら、きっと態度を改めてくれますよ。

YES 「その言い方怖いよ。優しい言い方に変えてくれる?」

ポイント 女性は男性の大きな声や命令調が怖いと感じるので、その感覚をそのまま伝えましょう。

・・

■「誰のおかげで生活できてると思っている」など上から目線で言われたとき

YES 「そうね、その通りね。感謝しています。だから……」

ポイント 言われたくない言葉でしょうが、まずはそれを引き受けてから冷静に意見を言いましょう。

・・

■「どうせ主婦なんて」と思いやりのない言い方をされたとき

YES 「そう?無償の仕事って尊いよ?ボランティアとか」

ポイント ムカッとする言い方をされたときは、明るく落ち着いて返すといいです。

56 傷ついたときは真摯に伝える

夫からの心のない言葉や行動で「なんでそんなこと言うの?」「どうしてわかってくれないの?」と傷つくことは多いですよね。

・体型のからかい
・話を聞かない
・ケンカのときの暴言
・病気のときの気遣いのなさ
・家事や育児へダメ出し

女性は自分を大切にする存在的動物なので、体型や容姿を貶されると深く傷つきます。男性にはわからないことなので、教える必要がありますね。そして、女性は言葉を重視するので、夫と会話ができなかったり、売り言葉に買い言葉で嫌なことを言われると、辛くなります。

病気のときはいつも以上に気遣ってほしいのに逆のことを言われたり、家事も育児も一生懸命やっているのに、夫は手伝いもせずダメ出しばかりされたら、本当にガッカリします。何でも言い合える夫婦だからこそ、お互いを尊重する気持ちを忘れないようにしたいですね。

こんな一言を言われたとき

■「太った」「いま体重何キロ？」など、容姿を貶されて傷ついたとき

「最近、本当に気にしているから傷つくの」

ポイント 男性が軽くからかってくることは、嫌なことはキッパリと伝えると止めることができます。

・・

■「子どもと仕事、どっちが大事なの？」と聞かれたとき

「どっちも大事で選べないの。でも子ども優先に考えるようにするね」

ポイント これは「子ども」と言ってほしい前提で聞かれているので、そこを含めて回答しましょう。

・・

■ケンカで「結婚しなければよかった！」と言い捨てられたとき

「本当にそう思ってる？それだけは言わないでほしい」

ポイント 悲しい一言ですよね。悲しい気持ちをしっかり伝えて気づいてもらいましょう。

第**5**章

お互い様な部分を
フォローし、
思いやるための言い方

57 休日の上手な過ごし方

夫婦の休日の過ごし方で、特にやることがなく、お互いに
ダラダラして1日が終わってしまうなんてことはありませ
んか？　それでお互いにイライラしていたのでは、せっか
くの休日が台無しです。

たまには夫婦で行動して、一緒に過ごす時間を作ると、さ
らに仲が深まりますよ。

「一緒に過ごしたいけど、夫が付き合ってくれない」「趣
味が合わない」場合は、基本的に自由に過ごして、一緒に
夕食だけ外食にする。月に一度は、夫か妻が行きたいとこ
ろに一緒に出かける。など、お互いの気持ちを尊重して譲
り合って休日の過ごし方を決めましょう。

または、お互いに好きなことがあれば、別々のことをして
いても問題ありません。例えば夫が漫画を読んでいて、あ
なたが映画のDVDを観ている。そこに会話がなかったと
しても、楽しむ空間を共有できる相手がいるという状態が
幸せだと感じますよね。

「一緒に過ごす」という初心を忘れないようにすると、い
つまでも仲良しの夫婦でいることができますよ。

■夫が休日をダラダラと過ごしているとき

NO 「何かやることないの？」

YES

「買い物行こうか？」

> **ポイント** ダラダラから抜け出させるために一緒に動ける行動の提案をするといいでしょう。

・・・

■自分が休日をダラダラと過ごしてしまったとき

NO 「たまにはいいじゃん」

YES

「そうね、でもリフレッシュできたから（笑顔で）」

> **ポイント** 男性は行動に理由を求めますから、ダラダラしているのも理由をつけましょう。

58 仕事で休日が合わなくても

夫婦で共働きの家庭が増えました。仕事が大好きなのは夫だけじゃなく、妻もというパターンもあります。なので休日に仕事が入っても、一生懸命に仕事をしているのは良いことなんだから、文句を言われる筋合いはない！　という感覚ですね。

でも、仕事を頑張り過ぎてしまうと生活にも悪影響が出てきます。

仕事に前のめりと見せかけて、実は夫婦仲がうまくいっていなくて、一緒にいたくないということもあります。夫婦の会話が一切ない。会話をしてもケンカばかり。こうなると、お互いに距離をとりたくなって仕事に逃げることも。

忘れてはいけないのが、子どもとの時間です。仕事を優先し過ぎて、かけがえのない時間を削っていませんか？　夫婦円満のためにも健やかな育児のためにも、激務すぎる環境から一刻も早く抜け出す努力も必要です。

根本的な解決策としては、家に帰りたくなるような家庭を築くこと。地味だけど最も効果的な方法なので、ぜひ心がけていきたいですね。

■夫が休日に仕事を入れてしまったとき

NO「えー！出かけようと思ったのに」

YES

> # 「仕事頑張って！来週出かけようね」

ポイント 男性の優先順位の最上位は仕事です。なので、さっと引いて次の機会に繋げましょう。

・・・

■自分が休日に仕事を入れたいとき

NO「仕事入っちゃった」

YES

> # 「約束してた日に仕事入りそう、予定ずらしてもいい？」

ポイント 男性は仕事の優先順位が高いので、相談することで仕事を選ぶことがしやすくなります。

59 頑張り過ぎを思いやる

仕事を頑張ることは素敵なことです。家庭を運営するにはお金が必要ですから、そのために仕事を頑張る人も多いでしょう。

しかし、仕事を頑張っている＝正しい、ではありません。そもそも、家族が心配するぐらい仕事を頑張る必要があるのか？　考えてみてください。

家族を守るために仕事をしているのだから、それをわかってほしい。このような正義感を持てば持つほど、自分を苦しめ、家庭が息苦しく感じるようになってしまいます。

どうしてそう思うのか？　それは、自分がこんなに頑張っているのだから、相手も理解するべき！　というフェアでいたい欲求があるから。つまり、平等でありたいとう欲があるからです。

解決方法としては、自分に「頑張ったご褒美」をあげること。自分を褒める言葉をノートに書いたり、美味しいモノを食べに行ったり、自分を抱きしめてもいいでしょう。たまには思いっきり、自分をねぎらってあげてください。

■夫が仕事を頑張り過ぎていて心配なとき
NO「働き過ぎじゃない？」

YES

「仕事すごく頑張ってるけど、
ちょっと身体が心配だわ」

ポイント 仕事を頑張っていることはしっかり認めて、いたわりの言葉をかけましょう。

■自分が仕事を頑張り過ぎていると心配されたとき
NO「大丈夫！」

YES

「ありがとう！心配してくれる
のうれしいよ」

ポイント 「大丈夫」とはねつけず、心配してくれていることを受け止めて、その言葉に甘えましょう。

60 辛さを共有する

共感してほしいという願望は誰にでもあります。「わかるよ」と相づちだけを打ってほしいわけではなく、気持ちをわかってほしいのです。

共感という言葉を調べてみると、「考えや感情に親しみをもって、相手と同じように感じること」（講談社カラー版 日本語大辞典）とありました。

でも、人と同じ感情を持つって、すごく難しいですよね。だけど、大多数の人の共感を得るのは難しくても、大切な人だけにはわかってもらえて、気持ちを受け止めてもらうことはできるかもしれません。

その大切な人が、妻であり、夫であるわけですよね。だから、最も理解してもらいたい人に、辛さを理解してもらえないと、深い孤独を感じてしまうのです。

「手伝って」と言えない、「こうしてほしい」と言えない、「いつもありがとう」と言えない。

そんな夫婦関係にならないように、辛いことは辛いと言い合える共感の関係を作っていきましょう。

■夫が仕事で辛そうなとき
NO「大変そうだね」

YES

「いつも頑張っていて、すごいよ」

ポイント 男性はカッコつけたいと思うものなので、「大変ね」と言うより「すごい」と伝えましょう。

・・・

■自分が仕事を辛いと感じるとき
NO「仕事がイヤになってきた」

YES

「仕事が辛くて……（相談モード）」

ポイント 男性は頼られると張り切るので、素直に甘えて相談してみましょう。

61 愚痴を言い合ういい関係

「愚痴を聞いてもらう相手はいますか？」イライラやモヤモヤをちょっと話すだけで、かなり気分がスッキリしますよね。理想として、一番身近な存在である夫や妻に愚痴を聞いてもらえるといいですよね。

「愚痴は妻に聞いてもらいます。一番身近にいるので、理解してもらいやすいから」「妻を信頼しているから、愚痴はすべて妻に聞いてもらいます」「夫に毎日愚痴を言っています。夫は黙って話を最後まで聞いてくれます」「子育ての愚痴は、親として夫に聞いてもらっています。他の人に言うと心配をかけてしまうから」

信頼し合っている夫婦で愚痴を言い合うのはストレス発散でいいことだと思います。でも、女性は愚痴を「聞いてもらうだけでいい」に対して、男性は要らぬアドバイスや分析をしがちなので気をつけましょう。男性が愚痴を言うときは「参考になるアドバイスがほしい」という場合があるので、女性は「私の考えだけど……」と前置きしてから意見を伝えるといいですね。

男性と女性では愚痴の聞き方が変わりますので、そこだけ気をつけてトライしてみましょう。

■夫の仕事の愚痴が止まらないとき

NO「男のくせにグズグズして情けない！」

YES

「あなたの頑張りはわかっているよ」

ポイント 大黒柱としての男性の鎧を脱げるのは家庭であるのが理想です。愚痴に優しい言葉をかけてあげましょう。

■自分の仕事の愚痴を聞いてもらいたいとき

NO「ねぇ、聞いて。仕事でさぁ……」

YES

「仕事の話を10分聞いてくれる？」

ポイント 男性は根気よく愚痴を聞くのが得意ではありません。「10分聞いて」と時間を区切ると聞いてくれます。

62 帰宅が遅くなるときの気配り

約6割の妻が「夫の帰りが遅い」といつも感じているようです（2018年、マイナビウーマン調べ）。夫や妻が仕事で帰りが遅いとき、なんだか胸騒ぎがしたり、心配しながら待っているのではありませんか？

そんなときは、「気にしない」ルールを決めておくといいですよ。

・早く帰ってくることを期待しない
・のんびり時間を楽しむ
・趣味の時間にする
・友達と話す
・先に寝る

例えば「友達と話す」ことも、今はリモート飲み会などができるので、自宅で楽しく過ごせますよね。

遅くなる相手をイライラしながら待っていると、余計に寂しくなってしまいます。「仕事をしているんだから帰りが遅いのは、ある程度は仕方のないこと」と割り切って、自分の時間を楽しみましょう。

■夫の帰宅が遅くてイライラしたとき
NO「帰りが遅い！もっと早く帰れないの？」

「あなたの好きな唐揚げ用意しておいたよ」

ポイント　男性は責められるような言い方を嫌がります。話をそらしつつ、早い帰りを待っていることを匂わせましょう。

■自分が仕事で帰宅が遅くなり、イライラされたとき
NO「仕事なんだから仕方ないでしょう」

YES

「そうなのよ、私も早く帰りたいのに……」

ポイント　実は男性の方が「仕事と僕とどっちが大事？」と思っています。なので「あなたの方が大事」なニュアンスを出しましょう。

お互い様な部分をフォローし、思いやるための言い方

お互いのうっかりをフォローする

付き合っている頃は、一生懸命カッコつけたり、可愛い子ぶっていたりしたのに、結婚した途端、お互いにポンコツな部分が出てくるのが夫婦というもの。特に仕事で疲れていたりすると、注意力が散漫になって、うっかりミスを多発することもあるでしょう。

もともと、男女の価値観や考え方にはギャップがあります。特に男性は、ついつい妻と母親を比較して見てしまうところがあります。料理も洗濯も掃除も、母親にしてもらっていたことを何でも妻にも求めがちです。

しかし現代は、女性も働いていて、妻が母親のように家事育児をすべてやるというのは、かなり古い価値観です。男性も女性も同じようなレベルで子育ても家事もするのがスタンダードな世の中になりました。

男性も今の価値観に合わせようと努力しています。一生懸命さゆえに、うっかりしたり、地雷を踏んだりしてしまうことは、許してあげてほしいものです。

■夫が家事分担の約束をサボっていたとき
NO「あれ？ゴミ捨ては？なんでやらないのよ！」

YES

「ゴミ捨て当番、忘れちゃった？」

ポイント　サボったことを責めるのではなく、「忘れたんだね」ということにしてあげましょう。

■自分がうっかり家事分担を忘れてしまったとき
NO「後でやっておきます」

YES

「ごめん。うっかりしちゃった！」

ポイント　ルールを指摘されたときは言い訳せず「うっかり」と素直に謝りましょう。

64 こまめなスキンシップが大事

結婚して毎日一緒にいることが当たり前になると、なぜか失われていくのがスキンシップです。

特に日本にはハグ文化がなく、そもそもスキンシップをほとんどしないのでなおさらです。さらに、夫婦になると毎日顔を合わせているので、「今日じゃなくてもいいかな」「いつでもできるから」と思ってしまい、いつの間にか、全く触れ合わないようになってしまうのです。

こうして、愛情を確かめ合うためのスキンシップをしなくなると、いつの間にか夫婦の心の距離が離れていってしまうことにも繋がります。かといって、スキンシップしなくちゃ！　と気負ってしまうと、恥ずかしくてうまくいかないことも。

まずは、「肩こってるね」などマッサージするとか、外出時に手をつなぐとか、普段の生活にナチュラルに溶け込ませるようなアプローチから、ゆっくりはじめてみてはいかがでしょう。相手から歩み寄られると嬉しいものですよ。

■夫のかまってアピールが激しいとき
NO「うざいなぁ」

YES

「ちょっと待ってね。後でゆっくり話しよう」

ポイント これをぞんざいに扱ってしまうと、後々まで引きずられてしまうので、ちゃんとかまってあげましょう。

・・・

■自分が夫にかまってほしいとき
NO「ねぇねぇ、話聞いてよ」

YES

「ちょっと時間ある？イチャイチャしたいな」

ポイント 男性は甘えられることが好きなので、ストレートに愛情を表現するといいですね。

65 お互いのテンポが合わないとき

夫婦や家族で出かけるとき、準備のテンポが合わなくて困ることはありませんか？

男性の出かける準備は10分もかかりません。ひげを剃って、髪を整えて、お出かけ用の服にさっと着替えればいいだけですから。でも、この「すぐ出かける準備ができる」という余裕が落とし穴になるのです。すぐ準備ができるから「まだいいや」と、どんどん後回しになって、結果的に遅れてしまう……。男性には「何時までに出かけるから、準備完了していてね」と伝えて、時間を合わせてもらうといいでしょう。

そして「10分もあれば用意できるだろう！」と、女性の身支度の大変さを甘く見ている男性が多いのですが、女性の身支度には、男性が考えられないぐらいの時間がかかります。メイクして、ヘアスタイルを整えて、ストッキングをはいて、お出かけ服に着替えて、アクセサリーをつけて……。

こうして妻が身支度をしている間に、夫が戸締まりをしたり、洗い物をしたりしてくれると、時間通りに出発できるので、協力し合いましょう。

■夫の出かけの準備が遅いことを指摘したいとき

NO「ねぇ、まだ？遅いよ！」

YES

「まだかかる？玄関で待ってるね」

> **ポイント** 玄関で待っていることでプレッシャーをかけつつ、気持ちはゆったり待ちましょう。

■自分が出かけの準備が遅いと言われたとき

NO「だって、いろいろあるんだもん」

YES

「ごめんごめん。早くします」

> **ポイント** イライラさせていることを謝って、急いでいる様子を見せましょう。

5

お互い様な部分をフォローし、思いやるための言い方

66 ドタキャンを非難し合わない

つい約束を忘れる、ドタキャンすることは、長い結婚生活
では、あるあるです。

「やるって言ったくせにやらない」「私が言ったことを忘れ
る」「自分が言ったことも忘れる」などが日常茶飯事だ
とガッカリすることが多くなりますよね。

ついつい「嘘をつかれた」「約束を破られた」「裏切られた」
と被害者意識の塊になってしまうところですが、実は、そ
んなに大袈裟に考えること自体が間違っているのです。夫
（妻）はいつも忘れる、いつもドタキャンすると思い込ん
でいませんか？　よく考えたら「いつも」ではないはずで
すよ。

問題を勝手に深刻にしてしまって、そういう見方をするこ
とで、相手はそういう人だとしか思えなくなってしまう。
つまり、思い込みなのです。

ということは、逆に「いつも優しい」「気が利く」「信頼で
きる」と思い込めば、そう見えていくということ。どうせ
ならそう思った方が、円満になると思いませんか？

■夫に約束をドタキャンされたとき
NO「なんで!?楽しみにしてたのに！」

YES

> 「楽しみにしてたのに、すごく悲しかった」

ポイント 責めることはせず、楽しみだったことと悲しい気持ちを素直に伝えましょう。

・・・・・・・・・・・・・・・・・・・・・・・・・・・・・

■自分が約束をドタキャンしてしまったとき
NO「だって、もっと大事な用事ができたから」

YES

> 「本当にごめん！埋め合わせさせて」

ポイント もっと大事な用事があったとしてもそれは言ってはいけません。代案を出して謝りましょう。

67 部屋の片付けは一緒に取り組む

パートナーに直してほしいところは？　と聞くと、

・〇〇しっぱなしなところ
・自分勝手なところ
・長年の癖や習慣

これらが重なると、もしかして片付けられない状態になるのかもしれません。相手に「どうして片付けできないの？」「だらしがないんだから！」と、片付けられないことを責めても逆効果なのでやめましょう。

片付けは、夫婦一緒に取り組むことが一番の解決方法です。片付けられない相手を怒るのではなく、一緒にやるスタンスが正解です。

「ねぇ、ここを片付けたいから、一緒にやらない？」と最初は5分ぐらいで終わるようなことからスタートしましょう。

「やってみたら、さっと終わってキレイになった」という体験を繰り返すことで、いずれは一人で片付けられるようになりますよ。

■夫に部屋が汚いと注意したくなったとき
NO「こんなに散らかってて平気なの？」

YES

「よし！一緒に片付けよう！」

ポイント　部屋が散らかっていても平気なタイプもいますので、任せるのではなく一緒に片付けようと提案しましょう。

・・・・・・・・・・・・・・・・・・・・・・・・・・・・・・・・・・・・・・・

■自分が部屋が汚いことを注意されたとき
NO「疲れているんだから仕方ないでしょ」

YES

「わかっているんだけど……、一緒に片付けない？」

ポイント　部屋の片付けの気力がないときは一人で頑張らずに「一緒に」と頼りましょう。

勝手にモノを捨てるのはNG

一つ屋根の下に住んでいると、自分から見ると「要らない物」「ムダな物」と思ってしまうのが相手の私物ですよね。

特に夫の意味不明なコレクションで部屋が溢れてしまうことを、どうにかできないか困っている妻が多いようです。妻への100人アンケートで、夫に内緒で捨てたことがあると回答した人は、なんと40%という結果に！「なんで捨てたんだ！」「だって、ゴミだと思ったから」というやり取りが聞こえてきそうです（2018年、暮らしニスタ編集部が既婚女性100人を対象に行ったアンケート調査より）。

このように、無断で捨ててしまうと後から大きなトラブルになって、夫婦関係に亀裂が入ってしまいかねません。その物がどのくらい大切なのかは、人によって全く違います。基本的には夫婦間であっても、勝手に内緒で捨てないことは最低限の礼儀でしょう。

自分からすると、どう見ても無駄な物に見えても夫にとっては宝物かもしれません。「捨てたい」という感情だけで判断せず、処分することで得られるメリットを相手に示してあげるといいでしょう。

■夫に大事なモノを勝手に捨てられたとき
NO「なんで勝手に捨てるの？余計なことしないでよ！」

YES

「掃除してくれてありがとう。そのとき〇〇を捨てたでしょう？あれは大事なモノだったから、一言聞いてほしかったな」

ポイント 怒りたいときは怒ってもかまいません。しかし、感情的な言葉の羅列ではなく、伝えたいことを言いましょう。

・・・

■夫の大事なモノを誤って捨ててしまったとき
NO「だって、ガラクタだと思ったから……」

YES

「え!?ごめん！確認すればよかったね！ごめんね！」

ポイント これは、悪気はなかったと平謝りするしかないですね。言い訳してはいけません。

69 買い物のし過ぎは相互チェックで

安いお菓子や日用品などを買い過ぎてしまう。でも結局は、
賞味期限が切れて捨ててしまう。

これでは、無駄なお金を使ってしまったことになりますよ
ね。少額でも積み重なると、家計に響いてくるのは明らか
です。

夫が買い過ぎ傾向にあるときは、買い物カゴをチェックし
て「まだ家にたくさんあったよね？」と声をかけるように
しましょう。それでも購入してしまったら、家に帰ってか
ら在庫確認をしてもらいます。すると「あれ、たくさんあっ
た……」となるはずです。

そして買い過ぎているモノを、テーブルの上などに広げて
可視化して、「たくさんある」ことを認識してもらいましょ
う。

このように、買い過ぎを自分で気付いてもらえるようにす
ると止めることができると思います。

■夫に買い物のし過ぎを指摘するとき
NO 「本当に要るの？買い過ぎなんじゃない？」

YES

「わー！いっぱい買ったね、こんなに使うかな？」

ポイント 「こんなに使うかな？」と使い道を意識させることで、買い物を控えるキッカケになります。

●●

■自分が買い物をし過ぎていると指摘されたとき
NO 「だって買っておいた方がいいと思ったから」

YES

「あ、そうかも。こんなに要らないか……」

ポイント 夫の指摘にすべて反論する必要はありません。「そうかな？」と思う素直さは大切です。

70 大きな買い物は相談し合う

結婚をするとき、夫婦でお金の価値観について話し合いをしましたか？

生活費、お小遣い、貯蓄計画など、話し合うことが山ほどあるのに、お金の話となると切り出しにくいもの。しかし、夫婦でお金の使い方の価値観が違い過ぎると結婚後に揉める原因になりかねません。

最高裁判所が開示している離婚に関する統計によると、浪費や、生活費を渡さないといった金銭関連の理由が、離婚理由の上位にランクインしている事実も見逃せませんよね。

例えば、〇万円以上の買い物は、必ず相手に相談すること、など、夫婦でお金について協議する家族ルールを作るといいですよ。

育った環境が違う他人が、一つ屋根の下で暮らして家庭を築くためには、お金の使い方をすり合わせることは、とても大事なことですから、しっかりと話し合いましょう。

■夫が相談なしで大きな買い物をしてしまったとき
NO「どうして勝手に買ったの？私の意見なんてどうでもいいのね」

「私にとっても大事な買い物だから、相談してほしかったわ」

ポイント 相談したら反対されるかも、と思うと言えなくなることがあります。大事なことこそ話し合える関係性を作りましょう。

■自分が夫に相談なく大きな買い物をしてしまったとき
NO「どうせ反対するでしょう？だから……」

YES

「ごめんなさい。反対されると思って相談するのが怖かったの」

ポイント 反対されるかも、と思うのは案外自分だけだったりします。何でも話し合える関係性を作りましょう。

5

お互い様な部分をフォローし、思いやるための言い方

71 へそくりは見抜かれている

夫婦のお金問題として、夫は「小遣いが少ない」、妻は「欲しいものを買いたい」が悩み。それで、相手には内緒で自分だけが使えるへそくりを用意している人も多いようです。

へそくり事情に関する実態調査の結果を見てみると、月のへそくり額は、「1万円以上」が36.5%と最も多く、3人に1人以上が年間12万円以上のへそくりをしていることが判明しました（2020年、グローバル・ロイズ株式会社調べ）。

へそくりの理由は、「必要な時に使えるように」「自分の好きなことに使いたい」「お金のストック」など。

へそくりの隠し場所は、「銀行の個人口座」が圧倒的に多く66.2%で、家の中に隠しているのは、もう時代遅れなのかもしれませんね。

そして、夫（妻）のへそくりを見抜いているか？　には、「見抜いている」が17.5%、「見つけたことがある」が10.3%と、3割近くが、へそくりを見抜いています。お互い様として見て見ぬ振りをするのが一番良い方法なのかもしれませんね。

■夫のへそくりを見つけてしまったとき
NO「これ、何？」

YES

「いざという時のために、ありがとう！」

ポイント きっと自分のために使おうとしていたと思いますが、そこを「ありがとう」と先手を打ちましょう。

■自分のへそくりが見つかってしまったとき
NO「いいじゃない、別に」

YES

「うん、いざという時の安心のためにね」

ポイント 女性のへそくりは自分が使うためではなく、家族のためがほとんどです。そのまま伝えましょう。

72 成功したのはあなたのおかげ

夫婦で「ありがとう」「あなたのおかげ」と感謝の気持ち
を伝え合うことをしていますか？　心の中では感謝してい
ても、恥ずかしくてきちんと言えていないのではありませ
んか？

「夫婦の間のねぎらい」に関する調査結果によると、妻の
80.7％が、日頃から夫に対して愛情を伝えたり、ねぎらっ
たりしていると回答しているのに対し、夫の54.5％が、今
以上に、愛情やねぎらいを表現してほしいと考えていたそ
うです（2011年、ベターライフ＆ワーク研究所調べ）。

妻が思っている以上に、夫へのねぎらいや感謝の気持ちは
伝わっていない、ということです。男性は察する能力が低
いことが証明された結果です。もしかしたら、この差が夫
婦間の不満を生む原因となっているのかもしれません。

「いつもありがとう」「あなたのおかげ」「助かるよ」「無
理しないでね」

夫婦間でこれらの言葉をわかりやすく伝え合って、想いを
しっかり届けることを意識しましょう。

■夫の活躍でうまくいったとき

NO 「やればできるじゃん」

YES

「あなたって本当にすごいわね！」

ポイント 活躍できたことに達成感を感じていると思うので、しっかり褒めてあげましょう。

・・・

■自分の活躍でうまくいったとき

NO 「うまくいったのは、私のおかげよね」

YES

「うまくいって良かったね！」

ポイント 力を貸したことを主張せずに手柄を渡しましょう。渡されたことに恩を感じて感謝の思いを持ちます。

お互い様な部分をフォローし、思いやるための言い方

73 角を立てないミスへの指摘

相手のためによかれと思って取り組んだけれど、うまくい
かなくてミスすることはありますよね。

「何でこんなことができないの？」と呆れてしまうことも
あるかもしれません。または、本当はやりたいけれど、わ
からなくて手を出せずにいる場合もあるかもしれません。

相手のミスを指摘したり改善のお願いをするときは、「〜
してくれたら助かる」という言い方が、角が立たず効果的
です。

「こうしてくれたら助かる」「こうしてくれるとうれしい」
という言葉は、自分と相手は対等な立場だと示す意味合い
が込められているからです。

このような言われ方なら、「わかった」と余計な感情を持
たずにスムーズに動けます。ミスの指摘も「こんなやり方
はどう？」と相手を尊重する姿勢を見せてあげれば、相手
のために臆せず取り組めますね。

■夫のミスを追及するとき

NO 「あなたがあの時こうしていれば……」

YES

「私もあの時に確認しておけば
よかったね」

ポイント 終わったことを責めても仕方がありません。寄り添いながら改善
策を提示しましょう。

■自分が夫にミスを追及されたとき

NO 「そんなこと言われたって、知らないわよ」

YES

「指摘してくれてありがとう。
気をつけるね」

ポイント ムカっとする言い方かもしれませんが、売り言葉に買い言葉にな
らないように冷静に返事をしましょう。

74 プレゼントは気持ちを受け取る

パートナーの誕生日や記念日にプレゼントをあげていますか？　感謝の気持ちを伝えるベストな日ですが、プレゼントを贈り合う夫婦は意外と少ないようです。

配偶者の誕生日にプレゼントを贈っているか？　という調査結果では、「あまり贈ったことがない」と「まったく贈ったことがない」を合わせると33％でした。なんと、全体の約1／3の夫婦がプレゼントを贈る習慣がないということが明らかになり、その傾向は年齢が高くなるごとに増加しています（2019年、大和ネクスト銀行調べ）。

しかし、プレゼントを贈る習慣のある夫婦は、そのぶん愛情を感じているという結果も出ていますから、贈り合う習慣を取り入れてもいいかもしれません。

プレゼントの中身を何にしたらいいか悩んだら、夫婦の日常会話をヒントにリサーチしましょう。プレゼントを選ぶには手間も時間もかかります。でもそれは、相手のことだけを考えている時間。こうして相手を知ろうとすることで、さらに夫婦円満になるでしょう。

■夫からもらったプレゼントがいまいちだったとき
NO「えー、これ、ダサい……」

YES

> 「ありがとう！覚えていてくれてうれしい」

ポイント プレゼントをくれたことにちゃんをお礼を言って、プレゼントの品には触れなくても大丈夫です。

■自分のあげたプレゼントがいまいちの反応だったとき
NO「何よ、気に入らないの？」

YES

> 「あれ？趣味に合わなかったかな？」

ポイント 趣味嗜好を外すこともあると思いますので、欲しかったモノを聞いて次に活かしましょう。

夫婦に必ず訪れる記念日が結婚記念日ですが、実は男性は、女性よりも記念日を覚えることが難しいのです。

女性は、記念日の日にちと感情を刺激する出来事とをセットにしてしっかり記憶します。だから女性は、「うれしい」記念日をなかなか忘れることができないということです。対して男性は、戦略的な記憶は得意ですが、人の名前と誕生日などの日にちを覚えることが苦手なのです。

記念日を覚えておくことと愛情とは別物です。お互い仕事や育児でバタバタしていると、忘れてしまうこともあります。うっかり忘れても仕方がないこと。逆に、記念日を覚えているかどうか？　で愛情を試すようなことをすればするほど、気持ちが離れてしまうかもしれません。

記念日を忘れさせないためには、事前にパートナーに「もうすぐ結婚記念日だよ」と何度か伝えましょう。もしくは、共有のカレンダーに目立つように記入するなど、お互いに忘れないように創意工夫して努力をするようにしましょう。

■夫が二人の記念日を忘れてしまったとき
NO「どうして覚えてないの？」

YES

「事前に言うようにするね」

ポイント 男性は記念日を忘れがちです。ちゃんとアピールする方がストレスになりません。

・・

■自分が二人の記念日を忘れてしまったとき
NO「あ！そうだったね」

YES

「ごめん！教えてくれてありがとう」

ポイント 忙しさにかまけて忘れてしまうこともありますよね。素直に教えてくれたことに感謝して祝いましょう。

お互い様な部分をフォローし、思いやるための言い方

76 浮気疑惑には冷静に対応

パートナーが浮気？　怪しいけれど確かな証拠がない……。このまま、何事もなかったかのように普通に接し続けるのも一つの選択です。しかし、真実を知りたいなら浮気を突き止めなければなりません。

例えば、相手がスマホを使っているときに、こんな行動はしていませんか？

スマホを家の中で肌身離さず持ち歩いている。家の中でも頻繁にLINEのやり取りをしている。電話やLINEがくると、席を外して別の場所でやり取りをする。スマホを置くときに、画面を下にして置くようになった。

このように、スマホの扱い方ひとつで、浮気の兆候を見破るキッカケを掴めます。

そうは言っても縁に導かれて結婚した二人です。感情に流されるままに結論を出すのではなく、話し合いの場を設けて、相手の話に耳を傾けてみましょう。この危機を乗り越えることができたら、さらに絆が強くなるかもしれませんよ。

■夫の浮気の証拠を見つけてしまったとき
NO 「これ、何？どういうこと？」

YES

「こんなのがあったよ（平常心で）」

ポイント 心の中は責める準備万端でしょうが、冷静に仕掛けてちゃんと話し合うことが大事です。

・・・・・・・・・・・・・・・・・・・・・・・・・・・・・・・・・・・・

■自分が夫から浮気の疑いをかけられたとき
NO 「そんなこと無いわよ！」

YES

「どうしてそう思うの？」

ポイント まずは反論をせず「どうして？」と様子をうかがい、冷静に質問に答えていきましょう。

ケンカしたら時間と距離をとる

夫婦ゲンカは犬も食わぬとよく言いますが、身近な存在だからこそ許せないこともあります。大好きな相手でも、一緒に生活したり子育てしたりすれば考え方の違いが出てきて当然ですよね。

相手から「どうでもいい」「関係ない」と無関心な態度を取られたり、「こんなこともできないの?」とバカにした言い方をされたことからケンカに発展することが多いのではないでしょうか。夫婦だから大丈夫と気持ちを許し過ぎて、他人には言わないような遠慮のないキツイ言葉を言ってしまうのは、相手へのダメな甘え方です。

どうしてもイライラを抑えられない、暴言を吐いてしまいそう、と思ったときは、その場を物理的に一旦離れるのが効果的です。別の部屋に行く、お風呂に入る、ちょっと散歩に出る、などしましょう。それが無理な場合は、せめてトイレに少しの時間でもこもって冷静になるのを待つのがおすすめです。

お互いに仕事や家事育児で疲れているときは、どうしても相手のマイナスな部分が目についてケンカになりがちです。疲れているのはお互い様と思えば、冷静になれますよ。

■ケンカして、夫が話を聞いてくれないとき
NO「ねぇ！無視しないで聞いてよ」

YES

「話がしたいから、時間を5分
だけちょうだい」

ポイント ケンカ腰に話しかけることはせず、優しい口調でわずかな時間を
指定しましょう。

・・

■ケンカして、夫と口をききたくないとき
NO「話しかけないで」

YES

「ちょっと出かけてきます」

ポイント ケンカした後に一緒にいると、いざこざが積み重なってしまいま
す。物理的に距離をとることで落ち着きます。

78 男性は謝りべたと割り切る

小さなケンカから離婚する一歩手前の派手なケンカまで、ケンカをしたことがない夫婦はほとんどないと思います。

お金のトラブルや浮気よりも、夫や妻からの失礼な態度や、腹が立つような言葉の投げかけが、ケンカの原因になるようです。まさに、口は災いのもとですね。

人は相手よりも優位に立ちたい生き物なので、夫婦の間に勝ち負けの概念を持ち込むと争いが起こりやすくなります。特に男性は、プライドが邪魔をして、ケンカを長引かせてしまいがちです。そして妻も感情のコントロールができなくなり、ますます意地になってしまうという悪循環に……。

自分は悪くない、腑に落ちない、納得いかない、という思いもありますが、どちらかが謝らないとケンカは終わりません。まずは自分の落ち度や非を認めて、歩み寄ってみましょう。

夫婦のいい関係を続けるためには、相手に勝とうとせず「負けるが勝ち」を選ぶ方が賢明です。

■ケンカしたことを夫から謝ってもらいたいとき
NO 「謝ってよ！」

YES

「お互い様ってことで、収めましょう」

ポイント 男性は女性に比べて謝ることが苦手です。「お互い様」という案を出して収めましょう。

・・・

■ケンカしたことを自分から謝りたいとき
NO 「もういいじゃん」

YES

「ごめんなさい。言い過ぎました」

ポイント ケンカはどちらかが謝らないと終わりません。女性の方が謝ることにストレスを感じにくいので、場合によっては折れてあげることが賢明です。

79 ケンカをうまく終わらせるコツ

夫婦ゲンカをお互い納得のいくかたちで終わらせたいのに、なかなか折り合いがつかないことはありませんか？
どうしても価値観が違う場合は、いくら話し合いをしても結論が出ないということもあるでしょう。

夫か妻が先に折れて謝りましょう！　……と言いたいところですが、納得する結論が出ていないのに謝っても、ずっとモヤモヤした気持ちが続いてしまいますよね。

そんなときは、「無理に結論を出さないで終わらせる」ことをおすすめします。勝ち負けのない概念の「おあいこ」です。

例え結論が出なくても、相手に自分の考えを思いっきり吐き出すだけでも、辛さから解放されて安心感を得ることができるからです。なので、夫婦でお互いに言いたいことを言い合って、次の日はスッキリして仲直りすればよしとしましょう。

しかし、これは謝れないときの究極の方法ですから、基本的には悪いと思った方が謝って、円満にケンカを収めましょうね。

■謝ろうとしない夫に反省を促すとき
NO「あなたが言っていることはおかしい！」

YES

「一言、謝ってほしかっただけなの」

ポイント 本来の問題解決ではなく、気持ちを納得させたいこともありますね。「謝ってほしかっただけ」という言葉で想いを伝えましょう。

■自分が夫を傷つけることを言ってしまったとき
NO「……（何も言わない）」

YES

「この前は、嫌なこと言ってごめんね」

ポイント 傷つけた自覚があってそのままでいること自体が辛いと思うので、素直に謝りましょう。

お互い様な部分をフォローし、思いやるための言い方

80 日頃の感謝を伝えるコツ

夫婦円満でずっと仲良くいるための努力や秘訣は、100家族あれば100通りあるでしょう。

円満であるために欠かせないのは「感謝の言葉」です。いつも夫に感謝の言葉を伝えていますか?

実は「感謝をすること」は、自分にとっても相手にとっても心身共にプラスに働きます。ぜひ、毎日くらいのペースで夫に笑顔で「ありがとう」を言ってみましょう。

良い言葉を発していると、脳内から幸せホルモンが溢れてストレスを感じにくくなります。そして、心にゆとりが生まれるので、些細なことは気にならなくなって夫婦ゲンカが減ります。さらに、感謝の気持ちを持つことで、心にゆとりが生まれて、夫以外との人間関係も良好になります。

これは、大袈裟ではなく、異性間コミュニケーションのメソッドとしてもはっきり言えることです。

夫に感謝の言葉を伝えることは、多大なメリットがありますから、ぜひ日常生活で取り入れてみてくだいね。

YES!!

「いつもありがとう」
「助かるわ」
「あなたの方が上手だから」
「すごいね」
「さすが！！」
「頼りになる！」
「行ってみたい！」
「うれしいな！」
「楽しみ！」
「やさしいね！」
「そういうのがいいところだよね」
「甘えちゃっていい？」
「あなたがそう言うのなら」
「やってみよう！」
「〇〇とか似合いそう」
「あなたなら大丈夫よ」
「信じてる」
「好きって言われると安心するわ」
「大好きよ」
「あなたと結婚してよかった」

5

お互い様な部分をフォローし、思いやるための言い方

おわりに

　本書をお読みくださり、ありがとうございました。

「相手の気持ちがわからない」
「自分のことをわかってもらえない」

　この問題が生まれるのは、お互いに相手をちゃんと理解できていないことが原因です。夫がどんな考え方をして、どういう行動を取りたがるのかをあらかじめ理解していれば、夫婦のコミュニケーションは格段にスムーズになります。

　些細なすれ違いで夫婦の縁が切れてしまわないためにも「異性間コミュニケーション」の魔法の言葉メソッドを、ぜひ取り入れてください。

　もし不安になったら、パートナーとの縁を信じてみましょう。縁があって、あの時、あの場所で出会ったふたりです。ふたりは出会うべくして出会ったのですから。

　そして、パートナーシップはじっくり育むもの。

　夫婦の関係を、大きく深い愛情に昇華できたとき、
お互いに、かけがえのない運命の人だと気づくは
ずです。

　本書を世に出すためにご尽力くださった糸井浩
さん、自由国民社の今野真琴さん、いつも応援し
てくれている異性間コミュニケーション協会の仲
間達、夫婦アンケートに協力してくださった皆さ
ん。そして、一番身近で支えてくれている夫の佐
藤哲郎さん。本当にありがとうございました。

　本書が一人でも多くの方の手元に届き、明るい
笑顔が溢れる家庭に貢献できたら幸いです。

～読者限定特典～

　本書をご購入くださりありがとうございます。
読んでくださった皆さまに感謝を込めて、

異性間コミュニケーション
5日間メールセミナー

を無料プレゼントいたします。

（受付期間：２０２０年９月１８日～２０２３年１２月末）

　異性間コミュニケーションの実践のコツや、男
女間について詳しくお伝えします。ご希望の方は、
下記のＱＲコードまたはＵＲＬにアクセスしてく
ださい。

https://bit.ly/3gFq5A5

【無料プレゼントに関するお問い合わせ】
異性間コミュニケーション協会　022-766-9818

Special Thanks

下記の皆さまに夫婦アンケートにご協力いただきました。
誠にありがとうございました。（順不同・敬称略）

ふじたじゅんこ、しほりん、Mi、りのりの、さや、はるか、
たにぐちまゆ、みつぎあやこ、さっちん、M.G、さとうともこ、
くにやすまな、岩橋鈴子、YUMI、S.G、木内しのぶ、こうの
七海、藤代あきの、たにだ彩、水葵暁子、tomato、堤敏美、
さかいなお、山森朝子、黒澤ゆみこ、小倉理恵、N.O、いし
かわゆか、海野めぐみ、R.K、Aya、U.Y、さやか、ari、ゆかり、
佳津子、坂井靖恵、佐野菜々美、海野亜矢子、純子、金澤優子、
Muumin、山本みさこ、緒原あん、かおり、N.O、藤原美緒、
Y.A、Fumi、みみさん、おおろくめぐみ、虹、直ちゃん、みー
ちゃん、くぼたまさこ、まつもとともえ、加賀ひろ、アラレ、
吹上雅代、こうだまみ、白い共振の犬、田中伊代、糸瀬直子、
森田直子、塩野貴美、大久保愛子、mame-cyan、三浦栄紀、
有吉尚子、槌屋幸子、M.Y、つはともこ、さとにゃん、たま
きみほ、あきら、いなむらしほ、たまこ、打浪純、m.、ゆは
な、ありさ、岩間友美、ゆかり、李玉順、サキ、Na-pa、K、
まつだかおり、はやかわ、勝目彩那

著者プロフィール

佐藤 律子 Ritsuko Sato

一般社団法人異性間コミュニケーション協会代表理事。婚活スペシャリスト。株式会社アートセレモニー代表取締役社長。

普通のOLからウエディングプランナーへ転職。仙台初のレストランウエディング事業で驚異的な売上を達成。2001年ウエディングと婚活事業で起業。1000組以上を結婚に導いた経験から男女間の教育コンテンツ（一社）異性間コミュニケーション協会を設立。自治体婚活イベントのカップル成立率60％以上、異性間コミュニケーション研修の受講者は延べ3万人超え、東北大学、宮城教育大学、明治大学などの教育機関や企業研修アンケートの満足度「とても良い・良い」90％以上を継続。得意ジャンルは、恋愛、婚活、夫婦問題、ハラスメント、マネジメント、女性活躍、ダイバーシティ、地方創生、SDGs（エス・ディー・ジーズ）など。著書「ずるいくらい思いのままに恋が叶う」（かんき出版）「7日間で運命の人に出会う！頭脳派女子の婚活力」（青春出版社）「理屈で動く男と感情で動く女のわかり合える会話術」（かんき出版）「ほめられると伸びる男×ねぎらわれるとやる気が出る女95％の上司が知らない部下の取扱説明書」（青春出版社）「最高に幸せな"たった1つの恋"を実らせるレッスン」（大和書房）。『女性自身』『ゼクシィ』『an・an』『週刊ゴルフダイジェスト』『小学館Sho-Comi』など取材掲載や『テレビ東京・乃木坂工事中』『フジテレビ系列ドラマ・パーフェクトワールド』『フジテレビ情報番組・グッディ』などテレビ番組の恋愛・結婚コーナーの監修、出演多数。

夫を変える！魔法の言い方

2020年9月18日　初版第1刷発行

著　　　者　　　佐藤律子

カバーイラスト　　　どいせな
本文イラスト　　　又吉麻里＆又吉麻里/PIXTA
装　　丁　　　小口翔平＋喜來詩織（tobufune）
協　　力　　　糸井　浩
本文デザイン＆DTP　　　有限会社 中央制作社

発　行　者　　　伊藤　滋
発　行　所　　　株式会社 自由国民社
　　　　　　　　〒171-0033 東京都豊島区高田3-10-11
電　　話　　　03-6233-0781（代表）
　　　　　　　　https://www.jiyu.co.jp/

印　刷　所　　　新灯印刷株式会社
製　本　所　　　新風製本株式会社

©Ritsuko SATO 2020 Printed in Japan

乱丁・落丁本はお取り替えします。
本書の全部または一部の無断複製（コピー、スキャン、デジタル化等）・転訳載・引用を、著作権法上での例外を除き、禁じます。ウェブページ、ブログ等の電子メディアにおける無断転載等も同様です。これらの許諾については事前に小社までお問合せください。
また、本書を代行業者等の第三者に依頼してスキャンやデジタル化することは、たとえ個人や家庭内での利用であっても一切認められませんのでご注意ください。